陈　洁　黄涵梓　郑梦婕　主编

写好新时代的
青春答卷
——中山大学学生主题教育
征文获奖作品集

XIE HAO XIN SHIDAI DE
QINGCHUN DAJUAN

U0330467

中山大学出版社
·广州·

图书在版编目（CIP）数据

写好新时代的青春答卷：中山大学学生主题教育征文获奖作品集/陈洁，黄涵梓，郑梦婕主编. —广州：中山大学出版社，2023.11
ISBN 978 - 7 - 306 - 07878 - 0

Ⅰ.①写… Ⅱ.①陈…②黄…③郑… Ⅲ.①大学生—思想政治教育—中国—文集 Ⅳ.①G641 - 53

中国国家版本馆 CIP 数据核字（2023）第 150667 号

出 版 人：王天琪
策划编辑：金继伟
责任编辑：王　璞
封面设计：曾　斌
责任校对：刘　婷
责任技编：靳晓虹
出版发行：中山大学出版社
电　　话：编辑部 020 - 84110283，84113349，84111997，84110779，84110776
　　　　　发行部 020 - 84111998，84111981，84111160
地　　址：广州市新港西路 135 号
邮　　编：510275　传　真：020 - 84036565
网　　址：http://www.zsup.com.cn E-mail：zdcbs@mail.sysu.edu.cn
印 刷 者：广东虎彩云印刷有限公司
规　　格：787mm×1092mm 1/16 11 印张 265 千字
版次印次：2023 年 11 月第 1 版 2023 年 11 月第 1 次印刷
定　　价：68.00 元

目　录

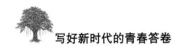

三 等 奖

优 秀 奖

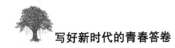

一等奖

走好新的赶考之路必须贯彻新发展理念

马克思主义学院　韩　喆

2022 年全国"两会"期间，习近平总书记在参加十三届全国人大五次会议内蒙古代表团的审议时指出："贯彻新发展理念是新时代发展壮大的必由之路。"这一重大论断高屋建瓴、指向明确，为全面建设社会主义现代化国家提供了重要遵循。我们要以此为指引，完整、准确、全面贯彻新发展理念，推动党和国家事业发展在全面建设社会主义现代化国家的新征程上取得更大成就。

一、在历史性成就中完整理解新发展理念

理念是行动的先导，一定的发展实践是由一定的发展理念来引领的。发展理念作为战略性、纲领性、引领性的精神指引，从根本上决定着发展的成效乃至成败。回顾党的百年奋斗历程，以发展理念的创新推动理论和实践的变革是党能够领导人民创造经济快速发展奇迹和社会长期稳定奇迹的原因之一。

党的十八大以来，我国经济发展由高速增长转向高质量发展阶段，面临增长速度换挡期、结构调整阵痛期、前期刺激政策消化期"三期叠加"的复杂局面。以习近平同志为核心的党中央在深刻总结国内外发展经验教训、深刻分析国内外发展大势的基础上创造性地提出创新、协调、绿色、开放、共享的发展理念。新发展理念强调创新是引领发展的第一动力，协调是持续健康发展的内在要求，绿色是永续发展的必然条件，开放是繁荣发展的必由之路，共享是中国特色社会主义的本质。作为一个系统的科学理论体系，新发展理念科学地回答了新时代实现什么样的发展、怎样实现发展的问题，阐明了党关于发展的政治立场、价值导向、发展模式、发展道路等重大政治问题。作为关系我国发展全局的一场深刻变革，新发展理念的影响不断从经济领域向政治、文化、社会、生态文明建设等领域拓展，并体现在生产方式、生活方式、社会治理等各个方面，从而使经济发展摆脱了简单地以生产总值增长率论英雄的局面。作为指挥棒、红绿灯，在新发展理念的引领下，我国经济社会发展取得历史性成就，发生历史性变革，国家经济实力、科技实力、综合国力跃上新台阶。特别是在过去的 2021 年，党中央团结带领全国人民坚定不移贯彻新发展理念，以经济发展总量稳居世界第二、经济增速在全球主要经济体中名列前茅的优异成绩，顺利开启全面建设社会主义现代化国家、向第二个百年奋斗目标进军新征程。

二、在新发展阶段中准确把握新发展理念

我国已步入新发展阶段，处于重要战略机遇期，经济长期向好的基本面没有改变。

但是，我们必须清醒认识到我国经济发展面临需求收缩、供给冲击、预期转弱三重压力。同时，世界百年未有之大变局加速演变，使外部环境面临更多的不确定性和复杂性。无论风云如何变幻，只要把新发展理念贯彻到经济社会发展全过程、全领域，我们就能够在新征程上展现新面貌。

把新发展理念贯彻到经济社会发展全过程、全领域，关键要做到完整把握、准确理解、全面落实。一是从根本宗旨把握新发展理念。为人民谋幸福、为民族谋复兴既是党领导现代化建设的出发点和落脚点，也是新发展理念的"根"和"魂"。实现共同富裕既是关系党的执政基础的重大政治问题，也是检验贯彻新发展理念的试金石。我们要始终坚持以人民为中心的发展思想，坚持发展为了人民、发展依靠人民、发展成果由人民共享，顺应人民群众对美好生活的向往，将贯彻新发展理念的成果体现在不断增强人民群众获得感、幸福感、安全感上，让人民群众感受到共同富裕是真实可感的事实。二是从问题导向把握新发展理念。步入新发展阶段，缩小城乡区域发展差距、加快实现科技自立自强等问题成为制约我国发展的关键问题。问题不仅是时代的声音，而且是完整、准确、全面贯彻新发展理念的先导。我们要不断从问题出发加深对新发展理念的理解，采取更加精准务实的举措，切实解决发展不平衡、不充分的问题，不断提升发展的质量。三是从忧患意识把握新发展理念。党的百年奋斗历史经验告诉我们，只有增强忧患意识，坚持防范风险与化解风险并重才能够实现发展的效益与安全相统一。在增强忧患意识中完整、准确、全面贯彻新发展理念，关键是要做到发展和安全同步推进，为发展筑牢安全屏障。我们要坚持政治安全、人民安全、国家利益至上有机统一，将安全发展理念贯穿到国家发展的各领域和全过程，不断提高我国发展的竞争力和持续力，从而妥善应对各种风险挑战，进而在日趋激烈的国际竞争中把握主动、赢得未来，推动中华复兴号巨轮扬帆远航。

三、在系统谋划中全面践行新发展理念

完整、准确、全面贯彻新发展理念是一项需要绵绵用力、系统推进的工程。我们要立足现有基础，把贯彻新发展理念与加快构建新发展格局、推动高质量发展、加快科技自立自强等战略举措统筹谋划、一体推进，从而使我国经济在实现更高质量、更有效率、更加公平、更可持续、更为安全的发展上取得新突破。

一是加快构建新发展格局。加快构建以国内大循环为主体、国内国际双循环相互促进的新发展格局是一项关系我国发展全局的重大战略任务，也是贯彻新发展理念的重大举措。我们要正确处理国内循环与国际循环、整体构建国内大循环与局部参与国内大循环、供给侧结构性改革与需求侧管理、自立自强与开放合作、发展与安全等关系，从而实现经济循环的畅通无阻。二是推动高质量发展。实现高质量发展是我国经济社会发展历史、实践和理论的统一，是实现全面建成社会主义现代化强国宏伟目标的根本路径。高质量发展本质上是贯彻新发展理念的发展，强调创新、协调、绿色、开放、共享的协调统一。我们要找准发展中面临的矛盾，推动改革向纵深推进，加快推动各方面工作转入高质量发展轨道。三是加快科技自立自强。科技是国家强盛之基，创新是民族进步之魂。新征程上我们比以往任何时期都渴望创新。只有科技自立自强，实现第二个百年奋

斗目标才能够有坚实基础。我们要坚持面向世界科技前沿、面向经济主战场、面向国家重大需求、面向人民生命健康，深化体制改革创新，加快攻克重要领域"卡脖子"技术，掌握更多"撒手锏"式技术，让科技创新成果源源不断涌现出来。

发展之路永无止境，奋斗步伐永不停歇。在新的赶考之路上，我们必须坚持以习近平新时代中国特色社会主义思想为指导，完整、准确、全面贯彻新发展理念，踔厉奋发，开拓进取，不断推动经济社会发展迈上新台阶，以优异的成绩迎接党的二十大胜利召开。

从万里长征到星辰大海：中国共产党的百年奋斗之路

马克思主义学院　蔡丽莉

近代学者王国维在其代表作《人间词话》中提出了著名的"人生三境界"学说，即"昨夜西风凋碧树。独上高楼，望尽天涯路""衣带渐宽终不悔，为伊消得人憔悴""众里寻他千百度，蓦然回首，那人却在，灯火阑珊处"。这三种境界将成功者的人生概括为确定目标、为达到目标不懈奋斗、最终实现目标的三个过程。回望中国共产党百年奋斗的历史进程，我认为，"人生三境界"正是对中国共产党的立志之路、坚守之路以及实现之路的真实写照和生动诠释。

一、中国共产党的立志之路

"昨夜西风凋碧树。独上高楼，望尽天涯路"，贴切地描绘了中国共产党在国家面临侵略的危亡之际，开始探索救亡图存之路的过程。"西风"暗喻西方列强，"碧树"指代曾经繁荣昌盛的中国，一个"凋"字声讨西方侵略者的滔天罪行，道尽了中国人民山河破碎、国家衰亡的无限哀愁。自鸦片战争以来，西方的坚船利炮打开了中国大门，列强开始在中国烧杀抢掠，无恶不作，两次鸦片战争、甲午中日战争、八国联军侵华等无一不记载着列强犯下的弥天大罪。至此，中国沦为半殖民地半封建社会，中国人民长期处于水深火热之中，饿殍遍野，生灵涂炭。面对着穷凶极恶、虎视眈眈的侵略者，中国人民痛定思痛，进行了一系列探索和尝试，太平天国运动、洋务运动、戊戌变法、义和团运动、辛亥革命等无一不体现中国人民为拯救民族危亡的迫切心情。但由于经验不足，国情不适，各种轮番出台的救国方案均以失败而告终。

在这样的历史背景下，一个伟大的政党应运而生。《中共中央关于党的百年奋斗重大成就和历史经验的决议》指出："中国产生了共产党，这是开天辟地的大事变，中国革命的面貌从此焕然一新。"在中国共产党带领下，中国人民开始"独上高楼，望尽天涯路"。十月革命的一声炮响，犹如一束光照亮了满目疮痍的中国，给中国带来了马克思主义。在马克思主义的指导以及中国共产党的带领下，中国人民擦亮了被蒙蔽许久的双眼，摆脱了幼时的稚气与幻想，背起行囊，踏上了实现中华民族伟大复兴、实现人类解放的新征程。

二、中国共产党的坚守之路

"衣带渐宽终不悔，为伊消得人憔悴"，展现出中国共产党为争取民族独立、人民解放和实现国家富强、人民幸福而不懈奋斗的历史进程。但这一百年并非一帆风顺、波澜不惊，"衣带渐宽""人憔悴"突出了中国共产党人追寻真理、追求幸福之路上的艰难险阻。可即便是困难重重，他们依旧初心不改、使命不怠，在无尽的沧桑之中开创了峥嵘岁月。

在新民主主义革命时期，旧中国宛若"一盘散沙"，要想聚沙成塔，这绝非一件易事，中国共产党在这一过程中遭受到了许多重创。从 1927 年大革命失败后的白色恐怖，到 1934 年中央革命根据地第五次反"围剿"失败后的被迫长征，再到 1931—1945 年长达 14 年的抗日战争。在这 28 年的艰苦奋斗中，中国共产党遇到了各种各样的难关，遭遇了无数次至暗时刻。但是面对困难和风险，中国共产党始终坚持以马克思主义科学理论为指导，实事求是分析中国革命的具体情况，走出了一条具有中国特色的革命道路，顺利开创了土地革命蓬勃兴起的新局面；成功走过了万里长征，建立陕甘宁根据地；最后顺势建立了新中国，彻底结束了旧中国半殖民地半封建社会的历史。

在社会主义革命和建设时期，面对着百废待兴的新中国，面对着全国执政的新考验，中国共产党依旧面临着重重危机。1950—1953 年的抗美援朝战争，1958—1960 年的"大跃进"和人民公社化运动，1966—1976 年长达十年的"文化大革命"，都给党和人民带来了巨大的负担和造成了巨大的损失与伤害，影响了新中国的发展。在这样的时代条件下，中国共产党人敢于总结经验，勇于修正错误，从而才能够化险为夷、转危为安，顺利取得了抗美援朝的伟大胜利，打破了美帝国主义不可战胜的神话；成功应对了"大跃进"和人民公社化运动带来的困局，使得国民经济得到了恢复和发展；改变了"以阶级斗争为纲"的口号，实施工作重心的转移，迈出了改革开放的关键一步。

在改革开放和社会主义现代化建设时期，面对国内外复杂形势和世界社会主义出现的严重曲折，中国共产党面临着层层质疑。从 20 世纪末国内外三大突发事变给中国政权造成的威胁，到新形势下的国际金融危机带来的人心惶惶，再到世纪之交的特大自然灾害和疫情所导致的重大损失，中国共产党执政遭受了极大的风险和考验。但中国共产党始终坚持四项基本原则，坚持党的领导和中国特色社会主义道路，因而能够有效应对国际国内形势的变化，从而成功将中国特色社会主义推向 21 世纪；也能妥善处理国际金融危机带来的困境，从而巩固了改革开放的重大成果；还能沉着应对各种天灾人祸，从而保持经济平稳运行和社会的稳定发展。

在新时代，中国取得了举世瞩目的成就，综合国力和国际地位显著提高。但这并不意味着社会的发展从此就风平浪静、河清海晏。2018 年的中美贸易摩擦，2020 年突如其来的新冠疫情，以及党的十八大以来党内面临的各种管党治党问题，都一度使党的治国理政面临极大的挑战。但在以习近平同志为核心的党中央领导下，中国共产党始终坚持人民至上，敢于自我革新，坚定不移高举中国特色社会主义伟大旗帜，从而揭露了西方的狼子野心并予以有力的回击，有效控制了疫情的蔓延，保障了人民的生命安全和身体健康，较好地化解了执政党内部出现的各种消极腐败的政治生态问题，从而迎来了中华民族从站起来、富起来到强起来的伟大飞跃。

奋斗创造伟业，苦难成就辉煌，中国共产党人在斗争中得到历练和成长，在磨难中得到洗涤和升华。不论是危难之际的绝处逢生，还是挫折之后的毅然奋起，抑或是磨难面前的百折不挠，失误之后的拨乱反正，中国共产党历沧桑初心始不改，经风霜本色终依旧。百年大党，百年沧桑，中国共产党以实际的行动阐释了"衣带渐宽终不悔，为

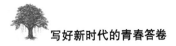
伊消得人憔悴"的奋斗真谛。

三、中国共产党的实现之路

"众里寻他千百度，蓦然回首，那人却在，灯火阑珊处"，显现出了中国共产党栉风沐雨、朝乾夕惕，推动党和国家事业取得历史性成就、发生历史性变革的实现之路。"众里寻他千百度"，一百年来，中国共产党一路寻寻觅觅，一直在探寻实现中华民族伟大复兴的正确道路。回望来时的路，不知不觉之间，星星之火已有燎原之势，涓涓细流已成汪洋之海，当今的中国已经发生了翻天覆地的变化。在中国共产党的领导下：经济上，中国蜕变为世界第二大经济体，创造了经济快速发展的奇迹；政治上，社会主义民主政治取得重大进展，全过程人民民主得到深入贯彻；文化上，马克思主义与中华优秀传统文化相结合，文化自觉自信深入民心；民生上，全面小康社会得以建成，人民获得感、幸福感和安全感不断增强；生态上，摒弃了过去的粗放型经济发展方式，推动美丽中国建设取得实质性的进展。

蓦然回首，我们党已经走过了百年的光辉历程，不知不觉间，当初所追求的国富民强，"已在灯火阑珊处"。可即便如此，未来我们依旧面临着新的风险和挑战。中国共产党要想跳出"历史周期律"，就必须注入源头活水，勇于进行自我革命。在新的赶考之路上，中国共产党人既要有"为有牺牲多壮志，敢教日月换新天"的豪情壮志，同样也要有"不管风吹浪打，胜似闲庭信步"的从容态度。

从万里长征到星辰大海，从风云激荡到万世太平。百年来，中国共产党浴血奋战，力挽狂澜；百年来，中国共产党卧薪尝胆，励精图治；百年来，中国共产党革故鼎新，与时俱进；百年来，中国共产党甘为人梯，自信自强。中国共产党百年光辉的奋斗历程，缔造了伟大的建党精神，必将激励 14 亿多中华儿女，为实现中华民族伟大复兴而凝心聚力，踔厉奋发！

忆百年奋斗历程　坚守初心和使命

孙逸仙纪念医院　何淑滢

不忘初心，牢记使命。初心和使命就是为中国人民谋幸福，为中华民族谋复兴。这是多么振聋发聩的呐喊，这是多么宏伟壮大的目标。这一初心和使命犹如一盏百年前就已点亮的老油灯，无数先辈耗尽他们的一生为它添油增芯，荣光绵延至今，而它散落在我们身上的每一缕微光，也化作了一条条汩汩向前的光流。

什么是初心和使命？成为中国共产党党员之前，我只知其然而不知其所以然。成为党员以后，在党组织的引导和熏陶下，我通过丰富的途径系统地学习了党史，回顾中华民族伟大复兴的历程，我深受坚守初心使命的执着奋斗精神的鼓舞；通过党的十九届六中全会，我更深刻地领会到中国共产党百年奋斗的历史意义和历史经验。借此百年欢庆，我愿以一名医学生党员的角度去书写、去歌颂、去感恩，这百年荣光是如何照亮我的人生，这风流人物是如何呼唤我的初心。

旭日东升，初心觉醒。一部庆祝建党百年的展播作品《觉醒年代》，让多少人发出"这盛世如你所愿"的感慨。从新文化运动、五四运动，再到中国共产党建立的这段波澜壮阔的历史复现中，我感动、震撼之余，耳畔还时时回响着李大钊、陈独秀两位建党先锋许多鼓舞青年人的话语。"以青春之我，创建青春之家庭，青春之国家，青春之民族。""青年之字典，无'困难'之字；青年之口，无'障碍'之语。""青春如初春，如朝日……青年之于社会，犹新鲜活泼细胞之在身。"作为青年，我不禁陷入沉思，在这最美好、最应该奋斗的青春年华，自己的言行举止是否体现出自主、进步、进取、科学的品质？幸运的我，无须像百年前的青年一样时刻做好奉献生命的准备，便可享受在和平年代受教育的机会，我所有的青春年华都在学海畅游，更有大部分时光跋涉于医学之路。面对浩如烟海的学习内容，我曾有被动、如牛负重之感；面对棘手或生疏的临床工作时，我曾有过逃避、半途而废的念头……这是我学医的第七个年头，感谢以往的自己没有放弃，正如仲甫先生所言"要享幸福，莫怕痛苦"，况且我们现在面对的"痛苦"在前人的眼中可能就是一种"幸福"。每当我"痛苦"时，我回想五四运动时师生罢课的痛苦、工人罢工的痛苦、中华民族遭受列强凌辱的痛苦……我反问自己：我为什么痛苦？我确实应该为了病人患病时的无助、恐惧、疼痛而感到痛苦，为了流行病反复在全球肆虐而感到痛苦，为了那些让医生束手无策的疑难重症而感到痛苦。不管时代如何变迁，归根结底，我们都是为了中国人民、为了中华民族！从前，是为了站起来；如今，是为了富起来、强起来。对于医学生而言，不论何时都勿忘学医、行医的初心，如那初日如常东升，为了青春、为了中国人民和中华民族。当代各行各业的青年人都应积极主动地通过现代多种多样的途径去回顾党史，树立正确的党史观、历史观，坚定历史自信、时刻共勉。

　　冉冉巨星，熠熠生辉。如果世上没有袁隆平先生，就没有"禾下乘凉梦"和"杂交水稻覆盖全球梦"；如果世上没有吴孟超先生，就没有肝脏解剖"五叶四段法"和肝胆外科领域的无数个"第一"……"我毕生的追求是让所有人远离饥饿。""我不过是一个吴孟超，治病救人是我的天职，名誉算什么？"听到两位院士的人生追求，在热泪盈眶的同时，我恍然大悟：这不是与"为中华之崛起而读书"有异曲同工之妙吗？那些仅仅是为了自己而读书的人，他们大部分会碌碌无为地过完这一生；那些为了自己和家人而读书的人，可能大多会学有所成，度过充实的一生；而那些为了国家和民族而读书的人，他们必然会取得卓越的成就，拥有熠熠生辉的一生！然而，除了这两位我们相对熟识的院士，近年已有十余位不同领域的杰出院士离我们而去，这些巨星的姓名应永远留在我们的心中：天文学家王绶琯、周又元，油气井工程学家沈忠厚，物理化学家程镕时，数学家周毓麟，核动力专家彭士禄，分子植物科学家沈善炯，药物化学家谢毓元，经济学家及管理学家李京文，工程热物理学与空间技术专家闵桂荣，湿地生态学家刘兴土，数学家王元，矿物加工专家陈清如，等等。离开并不是生命的终点，被遗忘才是。我们应该永远铭记这些老一辈的科学家，他们为了今日之辉煌，已负重前行了一生，余下时光，吾辈当延续他们的钻研科学的精神。有这样耀眼的思想、道德之光芒的人，才能被称为真正的明星，才是我们青年人最应该追逐的明星。

　　奋斗其时，不负盛世。新冠疫情的肆虐无疑是近几年全球的一大灾难。但相较于疫情初发时的惊慌失措，在党和政府实行正确、及时、有序、有效的应对措施后，中国人民现在对待一轮又一轮的疫情波动已经镇定自若。而我也从当初的一位居家隔离的大学生，变成了参与抗疫行列的医务人员。在组织和人民需要我的时候，我也向先进党员看齐，参与到核酸采集的队伍中。广东天气骄阳似火，上升的不只是氤氲的水蒸气带来的气温，人心的温度也是炙热的。在一轮又一轮的核酸检测中，有一群博爱、勤劳、敬业、奉献的可爱人儿，其中，有与时间赛跑的医务人员，有夜以继日地维持秩序的安保人员、警务人员，街道委员会的工作人员，默默无闻的志愿者，还有体贴、配合、满怀感恩的群众百姓。奋斗百年至今，在中国共产党带领下，中国的经济发展、体制改革、农业农村建设、交通运输、体育、医疗、全球治理等各个方面都取得了优异的成绩，我们享受着前人披荆斩棘所换来的幸福。如今更值得一提的是，在面对重大灾难的时候，在国外疫情一片水深火热之时，我们毫不畏惧、自信从容、有条不紊地控制一轮又一轮的疫情，充分体现了党集中统一领导以及中国制度的优势。身为当代青年，我们依旧要以奋斗作为人生主旋律，生逢盛世定当不负盛世。

　　百年奋斗，改变了中国人民的前途命运、开辟了实现中华民族伟大复兴的正确道路；百年历史，凝聚了先辈用血汗换来的宝贵经验和成果；百年之后，人民以坚定的历史自信，果敢地应对未知的挑战和变数。不忘初心，方得始终；牢记使命，砥砺前行。百年荣光不止百年。

百年大党胸怀千年大计　吾辈青年接续绿色担当

环境科学与工程学院　钟　颖　陈锦娟　郑鸿祥

习近平总书记指出，"中国共产党一经诞生，就把为中国人民谋幸福、为中华民族谋复兴确立为自己的初心使命"。作为关系中华民族永续发展的千年大计，生态环境保护不仅是最普惠的民生福祉，更是功在当代、利在千秋的事业。因此，探索人口与资源、经济发展与环境保护等方面的关系，成为新中国成立以来我们党执政的重要内容。

七十余载栉风沐雨，中国共产党坚持将马克思主义生态文明思想与中国实际相结合，循序渐进地解决了不同时期的生态环境问题，逐步形成中国特色社会主义生态文明思想；七十余载砥砺前行，一代代中国青年始终坚定不移听党话、跟党走，以实际行动投身祖国绿水青山建设的伟大事业中，书写了一个又一个绿色奇迹……

一、从绿化祖国到美丽中国

新中国成立之初，山河破碎、百废待兴。以毛泽东同志为核心的党的第一代中央领导集体在恢复国民经济的同时，开启了生态建设的奋力探索：面对频繁发生的水旱灾害，提出"兴修水利、保持水土"，开启了新中国初期四大水利工程，从流域治理、改良土壤入手，狠抓水土保持工作；面对资源环境千疮百孔、森林覆盖面仅8.9%的新中国，提出"绿化祖国"的伟大号召，群众性植树造林运动因此广泛开展，开启了新中国70多年来持续不懈的绿化征程。

改革开放以来，以经济建设为中心的战略部署给我国生态环境带来全新的挑战。以邓小平同志为核心的党的第二代中央领导集体充分认识到人口、资源与环境之间日益凸显的矛盾，积极推动生态环境建设与法制化建设相结合。一方面，党中央将保护环境上升为基本国策，成立国家环境保护局，相继出台《中华人民共和国森林法》《中华人民共和国草原法》《中华人民共和国水污染防治法》《中华人民共和国大气污染防治法》《中华人民共和国环境保护法》等；另一方面，确定国家植树节，实施三北防护林建设工程，为我国构筑起一道道"绿色长城"。

迈向新世纪，新中国逐步走向世界舞台。以江泽民同志为核心的党的第三代中央领导集体向世界承诺走可持续发展道路，将可持续发展战略纳入国民经济和社会发展的长远规划，并发出"再造秀美山川"的号召，进一步推动六大防护林工程建设。以胡锦涛同志为总书记的党中央，更加注重可持续发展，提出建立资源节约型、环境友好型社会，提出"科学发展观"，逐步确立社会主义生态文明理念。

党的十八大以来，以习近平同志为核心的党中央把生态文明建设作为统筹推进"五位一体"总体布局和协调推进"四个全面"战略布局的重要内容，开展一系列根本性、开创性、长远性工作，提出一系列新理念、新思想、新战略，形成了习近平生态文明思想。今日之中国，"两山论"深入人心、"山水林田湖草沙冰"系统修复、"三大保卫战"成效显著、"美丽中国建设"民心所向、"双碳承诺"大国担当，生态文明建设发生了历史性的变革。

从"绿化祖国"到"美丽中国"，中国共产党人一步一个脚印，走出了一条生态文明建设与绿色发展的新道路，逐渐筑牢民族复兴的根基与基础。

二、从"一棵松"到"一片林"

2017 年，中国塞罕坝林场建设者荣获联合国环保最高荣誉——"地球卫士奖"。河北承德的那一抹绿，成为新中国生态文明建设进程的一个缩影，也成为全球环境治理的"中国榜样"。这一绿色奇迹的背后，离不开党中央的坚强领导，也离不开塞罕坝林场的那群青年建设者。

大约 60 年前，塞罕坝寸草不生，黄沙漫天，一边是海拔 1400 米的浑善达克沙地，一边是海拔 40 米的北京城。面对"风沙紧逼北京城"的严峻形势，国家下定决心在塞罕坝建一座大型国有林场，筑一道长长的绿色屏障。1961 年冬天，塞罕坝的气温降到了零下 40 摄氏度，人们在一次考察中意外发现，一棵松树顽强地挺立在荒漠上，也恰恰是这"一棵松"，让人们看到了塞罕坝覆绿的希望。

听党话，跟党走！1962 年，来自全国 18 个省区市的 127 名大中专毕业生响应国家的号召，怀着满腔的爱国热情，奔赴塞罕坝，与当地林场 242 名干部职工一起，组成一支平均年龄不足 24 岁的植树造林"战斗队伍"。极寒天气，饮雨雪水，吃土豆、咸菜，塞罕坝的初代开拓者们，在攻坚造林的同时，也面临极大的生存挑战。尽管环境恶劣，这群青年人担当时代重任的勇气与激情也没有被浇灭。原塞罕坝机械林场干部李秀珠用一首诗回忆了在塞罕坝的奋斗史——"当年风华正茂，献身塞罕坝上，此生没虚度，青山可标榜！"

六十余年艰苦奋斗，三代青年接力攻坚，换来了"荒原覆绿、林海归来"。如今，塞罕坝每年释放氧气达 54.5 万吨，可供 199 万人多呼吸一年；林内分布陆生、水生动物 293 种、植物 659 种，一幅山清水秀、人与自然和谐相处的大美画卷正在塞罕坝徐徐铺开。

习近平总书记对塞罕坝林场感人事迹及塞罕坝精神做出了重要批示："55 年来，河北塞罕坝林场的建设者们听从党的召唤，在'黄沙遮天日，飞鸟无栖树'的荒漠沙地上艰苦奋斗、甘于奉献，创造了荒原变林海的人间奇迹，用实际行动诠释了绿水青山就是金山银山的理念，铸就了牢记使命、艰苦创业、绿色发展的塞罕坝精神。"

从"一棵松"到"一片林"，我们有理由相信，人不负青山，青山定不负人。

三、从一群青年到一群群青年

一代人有一代人的长征，一代人有一代人的担当。从青少年义务植树活动到保护母亲河行动，从林业建设到生物多样性保护，从塞罕坝到北京冬奥会……新中国的绿色征程上从来不缺乏青年人的身影。

面对着气候变化与生物多样性丧失的巨大挑战，中国青年们赴边疆、涉荒野、进森林，他们在知识与行动之间、在影像与现实之间、在人与自然之间搭起桥梁。中国科学院西双版纳热带植物园助理工程师夏雪，走进云南干热河谷，潜心进行生态修复；清华大学鸟岛实践支队支队长刘祎君，远赴青海鸟岛保护雏鸟，深入保护区和牧民社区，进行生态人文调研，而这样的保护实践在清华学子中已接力并进行了十六载；云南大学研究生桑佳楠赴藏区进行藏羚羊保护研究，人迹罕至、道路崎岖、天气多变，是考察地方的常态，风餐露宿、蹚河溯江、蚊虫叮咬，是考察生活的常态；中山大学青年教师彭逸生，多年来带领青年学子深入粤港澳大湾区沿岸潮间带，在没及腰部的滩涂沼泽之中进行沿海红树林分布与演变趋势研究，用心守护每一棵红树，建设沿海生态屏障……

　　面对"双碳目标"，无数青年努力学习，以各自的方式奉献青春力量。在北京冬奥会上，以李傢辰为代表的国家电网的青年团队实现了奥运史上首次场馆的100%"绿电"供应，将冬奥延庆赛区建设为能源互联网特色示范区；在第七届中国国际"互联网＋"大学生创新创业大赛全国总决赛中，海南大学本科生"蓝探"项目通过提高实施海域的活珊瑚覆盖度，进一步增加海草生物量，提高海洋碳汇能力，获得全国金奖；在中国可控核聚变领域，包括郑金星在内的一大批青年科研工作者，投身到中国聚变工程实验堆（CFETR）的建设中，致力于用"人造小太阳"实现人类终极"能源梦想"……

　　习近平总书记在中国人民大学考察时寄语青年学子，"用脚步丈量祖国大地，用眼睛发现中国精神，用耳朵倾听人民呼声，用内心感应时代脉搏"。作为新时代的环境学子，我们将坚定不移听党话、跟党走，将专业所学与生态实践相结合。近期，我们组建了中山大学习近平生态文明思想学习宣讲团，希望以实际行动践行新时代"塞罕坝精神"，走上讲台、走入社区、走向乡村，投身国家生态文明建设的伟大进程，在青春的赛道上奋力奔跑，不负时代，不负韶华！

二等奖

党的百年奋斗展示了马克思主义的强大生命力

马克思主义学院　卢　慧

党的十九届六中全会通过的《中共中央关于党的百年奋斗重大成就和历史经验的决议》深刻阐释了中国共产党百年奋斗的历史意义，其明确指出，党的百年奋斗展示了马克思主义的强大生命力。一百年来，党坚持把马克思主义写在自己的旗帜上，在实践探索中不断推进马克思主义中国化时代化，团结带领人民创造了彪炳史册的历史伟业，使马克思主义的科学性和真理性得到充分检验、人民性和实践性得到充分贯彻、开放性和时代性得到充分彰显。

一、马克思主义的科学性和真理性得到充分检验

科学性和真理性既是马克思主义的本质属性，又是马克思主义能够经久不衰的根本原因。马克思主义是科学世界观和方法论的高度统一，既揭示了人类社会发展的一般规律，又指明了从必然王国向自由王国飞跃的正确方向，既揭示了资本主义运行的特殊规律，又指明了无产阶级实现自由和解放的正确道路，是人类认识世界、把握规律、追求真理、改造世界的强大思想武器。作为我们立党立国、兴党强国的根本指导思想，马克思主义的科学性和真理性在党的百年奋斗中得到充分检验。

习近平总书记在庆祝中国共产党成立100周年大会上指出："中国共产党为什么能，中国特色社会主义为什么好，归根到底是因为马克思主义行！"十月革命一声炮响，给中国送来了马克思列宁主义。在马克思列宁主义同中国工人运动的紧密结合中，中国共产党应运而生，自此中国革命的面貌焕然一新。百年来，在马克思主义的指导下，党带领人民创造了新民主主义革命、社会主义革命和建设、改革开放和社会主义现代化建设以及新时代中国特色社会主义的伟大成就，把中国从近代国家蒙辱、人民蒙难、文明蒙尘的悲惨状态中解救出来，中华民族迎来了从站起来、富起来到强起来的伟大飞跃，从根本上改变了中华民族和中国人民的前途命运。百年前衰败凋零、孤助无援的中国日益走近世界舞台中央，向世界展现出一派欣欣向荣的气象，同时积极参与全球治理，为维护人类共同利益贡献中国智慧、中国力量、中国方案，成功走出了中国式现代化道路，缔造了人类文明新形态，深刻影响了世界发展格局和进程。

历史证明，实践的过程也是检验真理的过程，马克思主义的科学性和真理性在中国革命、建设及改革的伟大实践及其所创造的伟大成就中得到充分检验，中国共产党把马克思主义写在自己的旗帜上是正确的。只有始终坚持马克思主义的立场、观点和方法，才能在新的伟大斗争中取得更大胜利，更充分地展示马克思主义强大的真理力量。

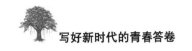

二、马克思主义的人民性和实践性得到充分贯彻

人民性和实践性是马克思主义的内在特性，也是马克思主义区别于其他理论学说的显著标志。马克思主义是始终站在人民的立场上，为维护最广大人民群众的利益而探求人类解放道路的科学理论，它不仅解释世界，更注重改造世界，致力于带领无产阶级推翻一切剥削和压迫，建立平等自由的理想社会。马克思在《〈黑格尔法哲学批判〉导言》一文中说，"哲学把无产阶级当作自己的物质武器，同样，无产阶级也把哲学当作自己的精神武器"，马克思主义的人民性与实践性是紧密联系、高度统一的，在中国共产党带领人民开展革命、建设与改革的百年实践中得到充分贯彻。

在马克思主义的指导下，中国共产党一经诞生，就把为中国人民谋幸福、为中华民族谋复兴确立为自己的初心使命，始终坚持全心全意为人民服务的根本宗旨，站稳人民立场，贯彻群众观点和群众路线，发扬人民民主。百年来，党团结带领人民开展新民主主义革命，推翻了三座大山，建立了人民当家作主的中华人民共和国，实现了民族独立、人民解放；推进社会主义革命和建设，消灭了延续几千年的封建剥削制度，建立了社会主义民主制度；坚持改革开放和社会主义现代化建设，带领人民从温饱不足到实现全面小康。进入新时代，以习近平同志为核心的党中央将人民对美好生活的向往当作党的奋斗目标，坚持以人民为中心，把实现好、发展好、维护好最广大人民的根本利益作为一切工作的出发点和落脚点，不断完善全过程人民民主，切实解决人民群众急难愁盼的问题，推动人的全面发展、全体人民共同富裕取得实质性进展。

实践表明，江山就是人民、人民就是江山，马克思主义的人民性与实践性在中国共产党为人民谋幸福、为民族谋复兴的伟大事业中得到充分贯彻。只有牢牢坚持人民至上的原则，做到发展为了人民、发展依靠人民、发展成果由人民共享，才能在第二个百年奋斗目标中继续赢得人民信任、获得人民支持、凝聚人民力量，推进中国特色社会主义事业取得更大突破。

三、马克思主义的开放性和时代性得到充分彰显

开放性和时代性是马克思主义的鲜明特征，也是马克思主义永葆生机的关键所在。恩格斯晚年在关于历史唯物主义的系列书信中反复强调：马克思主义不是教条，而是一个开放的理论体系，它会随着实践的变化而不断发展。自马克思主义传入中国以来，共产党人始终从变化发展着的实际出发，强调以马克思主义之"矢"射中国之"的"，在实践探索中不断推进马克思主义的丰富与发展，使其开放性和时代性得到充分彰显。

百年来，我们党坚持把马克思主义与中国实际、与中华优秀传统文化相结合，在不同时期创造性回答时代课题中形成了一系列中国化的马克思主义理论成果，开辟了马克思主义新境界。新民主主义革命时期，以毛泽东为代表的中国共产党人开辟了农村包围城市、武装夺取政权的革命道路，创立了毛泽东思想；社会主义革命与建设时期，共产党人在继续探索适合我国国情的发展道路中，进一步丰富和发展了毛泽东思想，实现了马克思主义中国化的第一次飞跃；改革开放和社会主义现代化建设新时期，以邓小平、江泽民、胡锦涛同志为主要代表的中国共产党人坚持解放思想、实事求是、与时俱进、

开拓创新，相继回答了"什么是社会主义、怎样建设社会主义""建设什么样的党、怎样建设党""实现什么样的发展、怎样实现发展"等一系列时代课题，形成了包括邓小平理论、"三个代表"重要思想、科学发展观在内的中国特色社会主义理论体系，实现了马克思主义中国化新的飞跃；党的十八大以来，以习近平同志为主要代表的中国共产党人面对新形势、新任务，系统回答了"新时代坚持和发展什么样的中国特色社会主义、怎样坚持和发展中国特色社会主义""建设什么样的社会主义现代化强国、怎样建设社会主义现代化强国""建设什么样的长期执政的马克思主义政党、怎样建设长期执政的马克思主义政党"等一系列关乎党和国家发展的重大命题，创立了习近平新时代中国特色社会主义思想，实现了马克思主义中国化的又一次飞跃。

事实证明，马克思主义并没有结束真理，而是开辟了通向真理的道路，其开放性和时代性在中国共产党不断解决时代课题、推进马克思主义中国化时代化的过程中得到充分彰显。只有始终坚持解放思想、实事求是、与时俱进的科学态度，用开放的、发展的马克思主义观察时代、把握时代、引领时代，才能更好地应对新挑战、解决新问题，在新征程中续写马克思主义中国化时代化的新篇章。

马克思主义是科学的理论、人民的理论、实践的理论、不断发展的开放的理论，指引中国共产党在百年奋斗中实现了一个又一个伟大飞跃，创造了一个又一个伟大成就。站在新的历史起点上，应继续高扬马克思主义伟大旗帜，用当代中国马克思主义、21世纪马克思主义武装头脑、指导实践。只要我们勇于结合新的实践不断推进理论创新、善于用新的理论指导新的实践，就一定能够让马克思主义在中国大地上展现出更强大的生命力，放射出更耀眼的真理光芒！

百年大党赢得青年的成功秘诀

马克思主义学院　　任梦楠

赢得青年才能赢得未来，塑造青年才能塑造未来。百年来，我们党所取得的辉煌成就都凝聚着中国青年的热情和奉献，这是无产阶级政党团结和争取青年的重大成就，也是中国共产党赢得青年的鲜活证明。阐释好中国共产党赢得青年的成功秘诀是深刻理解"中国共产党为什么能"的一把重要钥匙。

中国共产党高举马克思主义旗帜为中国青年提供了科学的理论认知。旗帜问题至关重要。毛泽东同志曾说过："主义譬如一面旗子，旗子立起了，大家才有所指望，才知所趋赴。"旗帜问题的实质，就是党的指导思想问题。正如习近平总书记指出："指导思想是一个政党的精神旗帜。"中国共产党自诞生之日起就高举马克思主义旗帜，把马克思主义作为自己治国理政的指导思想。马克思主义深刻地揭示了自然界、人类社会、人类思维发展的普遍规律，为人类认识世界和改造世界提供了强大的思想武器，是中国共产党建党、兴党、强党和救国、富国、强国的科学理论指南。迄今为止，人类社会还没有人提出能够和马克思主义相媲美、相对称、相抗衡的理论。在半殖民地半封建社会的旧中国里，无数仁人志士为了挽救民族危亡，或是向西方寻求真理，或是从传统文化中寻觅良方。太平天国运动、戊戌变法、义和团运动、辛亥革命等救国运动"你方唱罢我登场"，均以失败而告终。无政府主义、无政府工团主义、互助主义、新村主义、合作主义、基尔特社会主义、伯恩斯坦主义等观点和主张，在各种刊物纷然杂陈。中国迫切需要新的思想武器和由这个思想武器武装起来的新的组织来凝聚革命力量，挽救民族危亡。俄国十月革命的胜利给中国送来了马克思主义，中国青年知识分子开始用马克思主义眼光观察中国社会、思考国家的前途命运问题并从中找到了解决中国问题的出路，中国从此也有了改变自己命运的真正适用的科学武器。五四运动之后，越来越多的中国青年知识分子在马克思主义真理旗帜的感召之下，聚集起来，投身于革命实践活动。一个由马克思主义的科学理论武装起来的政党应运而生。马克思曾说："理论一经掌握群众，也会变成物质力量。"我们党正是因为始终紧握马克思主义这个科学真理，带领中国人民进行革命、建设和改革，才能不断从一个胜利走向新胜利，把实现中华民族伟大复兴推进为不可逆转的历史进程。一百年前，中国青年经过反复的比较和选择，高举的马克思主义真理大旗，为一百年后的大国青年深刻理解"马克思主义行"提供了科学的理论视域。

中国共产党遵循的人民立场触发了中国青年强烈的情感认同。人民性是马克思主义最鲜明的品格。马克思曾在《共产党宣言》中庄严宣告："过去的一切运动都是少数人的，或者为少数人谋利益的运动。无产阶级的运动是绝大多数人的，为绝大多数人谋利益的独立的运动。"中国共产党是马克思主义武装起来的政党，自诞生之日起，就将人民作为事业的起点，又将人民作为伟业的归宿，因而人民立场亦是我们党一以贯之的根本政治立场。无论是革命、建设、改革时期，还是新时代，中国共产党自始至终以人民的需求为导向，把人民放在心中最高的位置，与人民同呼吸、共命运、心连心。正是与人民的这种休戚与共、生死相依的情感，中国共产党始终赢得包括广大青年在内的人民的真诚拥护和强烈认同。这种拥护和认同源于人民能够真切体会到中国共产党是以巨大的牺牲和付出换来人民的解放和幸福。艰苦卓绝的井冈山斗争，持续两年多，牺牲的英烈平均每天近60人；二万五千里长征路，红一方面军从江西出发时有8.6万人，抵达陕北时只剩6000多人，平均每走1公里就有4名红军战士倒下，每14人只有1人到达陕北。仅新民主主义革命时期，英勇牺牲的革命烈士中有名可查的就达370万人。2019年底突如其来的新冠疫情暴发，中国共产党以"为了保护人民生命安全，我们什么都可以豁得出来"的政治勇气和"生命至上、人民至上"的历史担当，始终把人民群众生命安全和身体健康放在第一位。从出生仅30多个小时的婴儿到100多岁的老人，从在华外国留学生到来华外国人民，每一个生命都得到全力护佑，人的生命、人的价值、人的尊严得到细心呵护。这是中国共产党执政为民理念的最好诠释！这种拥护和认同还体现在人民时刻感受到以习近平同志为核心的党中央把人民记在脑里、挂在心上、落在实处。党的十八大以来，在人民网习近平系列重要讲话数据库中，以"人民"为关键词进行精准搜索，结果高达9630条，"群众"共有2777条结果，"人民群众"共有1480条；党的十九大报告中"人民"共出现203次，"以人民为中心发展"共出现4次；在中国共产党成立100周年大会上的讲话中，"人民"二字以86次高频响彻中华大地，久久不息地回荡在人们的心中；2021年11月11日通过的《中共中央关于党的百年奋斗重大成就和历史经验的决议》中"人民"共出现249次，并揭示"人民是党执政兴国的最大底气"。数据显示，以习近平同志为核心的党中央，把人民摆在治国理政的突出位置，致力于实现人民对美好生活的向往。中国共产党一切为了人民、一切依靠人民的情怀深深触发了包括大国青年在内的人民强烈的情感认同。

中国共产党关于青年发展的生动实践推动青年奋斗的行动自觉。以习近平同志为核心的党中央站在党和国家事业后继有人、兴旺发达的战略高度，高度关注青年、倾听青年、关爱青年，指导制定并出台新中国历史上第一部以青年群体为对象的《中长期青年发展规划（2016—2025）》，我国青年发展事业取得了巨大进步和历史性成就。这些生动实践既是中国共产党赢得青年的重要砝码，也是促成新时代大国青年行动自觉的现实推动力。第一，国家对青少年教育事业投入力度持续加大，青少年受教育水平不断提升。"教育是国之大计、党之大计。"教育部官网最新统计数据显示，2019年全国一般公共预算教育经费为34648.57亿元，比2018年增长了8.3%。其中中央财政教育经费5322.32亿元，比2018年增长了6.28%。各级教育生均一般公共预算教育经费增长最多的前三类学校分别为普通高校23453.39元、普通高中17821.21元、中等职业学校17282.42元。2020年全国新增劳动力平均受教育年限为13.8年，全国高等教育在学总规模为4183万人，比2018年增加了181万人，高等教育毛入学率达54.4%。第二，青年享有政策保障，就业创业能力增强。2020年全年城镇新增就业人数为1186万人，高校毕业生就高达 874 万人，占整个新增就业人口的 74%，是"稳就业"的重中之重。受经济下行压力和疫情叠加影响，青年就业面临严峻形势。尽管如此，国家打出政策"组合拳"，扩岗位、搭平台、拓渠道，引导毕业生到基层就业，鼓励创新创业带动就业……相关部门陆续出台包括高校扩招、扩大"特岗计划""三支一扶"招录规模、加大大学生增兵入伍升学优惠力度等在内的 40 项政策来缓解大学生就业压力；2020 年，人力资源和社会保障部会同有关方面启动实施主题为"职等你来，就业同行"的百日千万网络招聘专项行动，208 万家用人单位发布岗位需求 2761 万个，帮助高校毕业生等重点群体就业扬帆起航；地方政府、行业协会、招聘机构、平台企业等加强合作，帮助大学生"云上找工作"。在党和政府创新服务、多措并举、多管齐下稳定就业的努力下，2020 年我国青年就业形势基本平稳。第三，国家下决心、下力气解决青年人住房困难问题。中国青年报社社会调查中心进行的"2021 全国两会青年期待"调查显示，在住房方面，45.4% 的受访者表示希望"加大住房租赁供给"。党中央、国务院高度重视解决大城市青年住房困难问题。2020 年 12 月中央经济工作会议要求，要重视解决好新市民、青年人，特别是从事基本公共服务等住房困难群体的住房问题。2021 年政府工作报告也提出，尽最大的努力帮助新市民、青年人缓解住房困难，并于 2021 年 6 月 24 日出台《国务院办公厅关于加快发展保障性租赁住房的意见》（以下简称《意见》）。《意见》通过五项基础制度和六方面的支持政策来解决符合条件的新市民、青年人等群体的住房困难问题。比如，规定保障性租赁住房以不超过 70 平方米的小户型为主、租金低于同地段同品质市场租赁住房租金。这就精准缓解了收入不高、支付能力有限的青年人的经济压力。青年时期是一个人最有活力、最能发挥创造力的阶段。对青年人来说，缓解住房困难，在奋斗的城市找到归属感，拥有属于自己的落脚点，不仅有利于"安居"，还利于"乐业"。第四，日益重视青年的心理健康。青年对美好生活的向往包括追求心理健康、精神健康。青年心理健康问题不容小觑。《中国国民心理健康发展报告（2019—2020）》指出，国民心理健康的年龄差异显著。中国青少年的抑郁检出率为 24.6%，其中轻度抑郁检出率为 17.2%，高出 2009 年 0.4 个百分点，重度抑郁检出率为 7.4%，与 2009 年保持一致，18～34 岁的青年的焦虑平均水平高于成人期的其他年龄段。这一结果表明，青年时期心理健康问题较为多发，需要重视青年心理健康问题的预防与干预。2021 年全国两会期间，习近平总书记在看望参加全国政协会议的医药卫生界教育界委员时表示，"如果最后没有形成健康成熟的人格，那是不合格的"，"现在的孩子心理问题是比较多的，有的很小的孩子心理问题一大堆"，并要求"我们来共同关心这些教育问题"。寥寥数语表达了总书记对青少年心理健康问题的担忧和关注，也为青少年心理健康教育工作指明了方向。2019 年，国家卫生健康委、中共中央宣传部等 12 部门印发《健康中国行动——儿童青少年心理健康行动方案（2019—2022 年）》，把儿童青少年心理健康工作作为健康中国建设的重要内容，提出儿童青少年心理健康相关指标的阶段目标，并规定了采取心理健康宣教行动、心理健康环境营造等六项具体行动推进儿童青少年心理健康工作。2021 年教育部明确提出，"将抑郁症筛查纳入学生健康体检内容，建立学生心理健康档案，评估学生心理健康状况，对测评结果异常的学生给予重点关注"。关于青年发展的生动实践不仅切实增进青年福祉，也推动了青年以青

春之力量建造青春之中国的行动自觉。

中国共产党以马克思主义真理为青年提供了科学的理论认知，用纯正赤诚的人民立场触发青年强烈的情感认同，又以无可争辩的生动实践推动大国青年踔厉奋发的行动自觉。以理论认知为基础，以情感认同为动力，以行动自觉为旨归，把握青年成长规律、锚定青年成长需求、注重青年发展知行合一，是中国共产党能够赢得广大青年的成功秘诀。

双奥盛会展现大国风采　冬奥精神照亮伟大征程

法学院　钟沁怡

"伟大的事业孕育伟大的精神，伟大的精神推进伟大的事业。"2022 年一届"真正无与伦比"的冬奥会、一届"在温暖中永恒"的冬残奥会，让中国人民充分感受到中国特色社会主义制度优越性，让全世界人民见证中华民族踔厉奋发、笃行不怠的精气神，展现了中国风采，兼具非凡意义。在此过程中也创造了胸怀大局、自信开放、迎难而上、追求卓越、共创未来的北京冬奥精神，以精神之力凝聚奋进力量，照亮实现第二个百年奋斗目标、实现中华民族伟大复兴中国梦的新征程。

一、胸怀大局，力作中国贡献

在冬奥会申办、筹办、举办的过程中，举国上下人民群众心怀"国之大者"，共同为奥运梦、中国梦作出贡献。运动健儿们志存高远，奋力拼搏，让我国在冬奥会上首次实现所有大项、分项全覆盖，诸多冰雪项目实现从无到有的突破，残奥会以奖牌金牌双榜首的成绩创造历史纪录。工作人员敬业奉献，精益求精，成就了匠心独运、构思独到的开闭幕式，助力了精彩纷呈、活力无限的竞技赛事。各级政府部门、社会力量围绕备战大局，为中国冰雪运动提供制度、资金、人力等方面的保障与支持。2000 多个日夜，数万冬奥人披星戴月、攻坚克难、将涵盖 50 余个业务领域、3000 多个分解任务的"冬奥蓝图"变为现实。在赛事运行、防疫、服务保障和竞赛等方面把办赛标准提高到了新水平，赢得了参赛人员和国际社会的高度评价，最终圆满、成功举办"两个奥运"盛会，实现了超过 3 亿人参与冰雪运动的总体目标，推动了我国冰雪运动跨越式发展，为开启全球冰雪运动新时代作出了中国贡献。

二、自信开放，传递中国自信

双奥盛会中的中国式浪漫和中国式美学，来源于五千年中华文明，体现了综合实力增强的底气，反映了坚定的文化自信、历久弥新的传承和勇于超越的信念。2008 年北京奥运会大气磅礴、气势恢宏，2022 年冬奥会则大道至简、细腻从容。中华文化与奥运精神交相辉映，处处细节彰显中国文化元素，展露中华民族博大优雅的中华气韵。在建筑方面，有酷似中国传统吉祥饰物"如意"的跳台滑雪中心，也有融入"飞天"敦煌壁画元素的首钢滑雪大跳台。在奥运标识方面，有源于篆刻艺术的体育图标创作，也有"双奥之城"的会徽艺术化阐释。此外，还有形象来源于古代同心圆玉璧的奥运奖牌设计，以及来自西汉长信宫灯的火种灯创意。开、闭幕式更淋漓尽致地表现了中国传统文化的深厚底蕴。以传统二十四节气倒计时开篇，以天干地支十二时辰收尾；从

"迎客松"造型的璀璨焰火腾空绽放，到"折柳寄情"意象依依惜别。这一幕幕都彰显了中华文化的内涵底蕴，让世界感受到了中华文化的博大精深。以国宝熊猫和灯笼为原型的吉祥物"冰墩墩"和"雪容融"，体现了中国美学、现代科技和敦厚包容的品质，展示了生机勃勃的当代中国形象。"一墩难求""一融难求"现象的背后，实质上反映了中国文化软实力的提升，中华文化大放异彩，中国自信得以传递。

三、迎难而上，展现大国担当

在当今世界正经历百年未有之大变局，新冠疫情仍在全球肆虐的背景下，中国迎难而上，以冰雪为媒介，立奥运之约，守中国之诺，成功为世界奉献了一届简约、安全、精彩的冬奥会，展现了大国担当。在党中央的坚强领导下，我国充分发挥集中力量办大事的制度优势，高水平改造建设冬奥场馆，实行科学有效的疫情防控措施，精心设计组织开闭幕式，努力提供温馨周到的服务，宣传营造浓厚热烈的冬奥会氛围，等等。为在疫情防控常态化情况下举办大型体育赛事提供了中国方案、有益经验，展现了新时代中国迎难而上的勇毅品质与大国担当。

四、追求卓越，彰显大国实力

丰富的科技元素展现了中国创新力量，为双奥盛会擦亮了中国智慧名片。研发国产雪车装备，推动雪车项目比赛实现零的突破。提升关键气象要素预报准确率，提供精细的气象服务保障。打破火炬传递常规状态，实现机器人之间的水下火炬传递。"笨小宝"机器人、"紫外光催化复合消杀机"等新科技助力疫情防控……科技创新贯穿场馆建设、设备运行、现场指挥、医疗和安全保障、气象服务、交通运输、转播等关键场景。一系列新技术、新应用不仅解锁了多项国内空白技术，为新科技的未来推广应用积累发展赋能，而且得以在北京冬奥会、冬残奥会中落地，以中国设计、中国制造、中国技术、中国材料为要素的高科技含金量"中国方案"，与国际奥委会"可承受、可收益、可持续"的改革方向相呼应，让"科技冬奥"从愿景走进现实，为奥林匹克运动树立起新的标杆，彰显了新时代中国雄厚的科技实力。

五、共创未来，勇担大国责任

作为新冠疫情发生以来首次如期举办的全球综合性体育盛会，北京冬奥会、冬残奥会的成功举办，向全世界人民展示了中国举办大型国际体育赛事的能力与实力，展现了人类在面对困境时的坚强姿态和坚韧意志，为推动全球团结合作、共克时艰注入信心和动力。也为推动构建人类命运共同体、共创后疫情时代美好世界提供了绝佳舞台，带来"一起向未来"的信心和希望。奉行绿色、共享、开放、廉洁的办奥理念，凸显了中国始终走生态优先、绿色发展道路的坚定决心，彰显了时代特色，诠释了大国担当。践行"更快、更高、更强——更团结"的奥林匹克格言，搭建促进各国人民相知相交、不同文明交流互鉴的桥梁。勇担大国责任，高举构建人类命运共同体旗帜，以和平、友谊和团结的精神推动世界凝聚在一起。

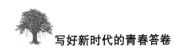

六、心怀"国之大者"，奋进伟大征程

双奥盛会的伟大实践，展现了力作中国贡献、传递中国自信、展现大国担当、彰显大国实力、勇担大国责任的中国风采。双奥盛会的伟大实践是中国人民在以习近平同志为核心的党中央的坚强领导下，不断实现中华民族伟大复兴中国梦的生动写照，也为广大青年坚定走好中国道路、实现中华民族伟大复兴提供源源不绝的精神滋养与奋斗动力。站在"两个一百年"的历史交汇点上，新时代的中国青年是肩负民族复兴、人民幸福重任的一代。双奥盛会代表中国向世界发出了"一起向未来"的时代强音，也让中国青年深刻体会到了中国特色社会主义制度的优越性，党的集中统一领导、集中力量办大事的制度优势，以及人民群众的大力支持和综合国力的强大支撑；进一步激励我们弘扬北京冬奥精神，以坚定的道路自信、理论自信、制度自信、文化自信，以更加自信开放的姿态在新征程中砥砺前行。

全面把握坚持胸怀天下的三重理论渊源

马克思主义学院　申　思　严梦婷

党的十九届六中全会通过的《中共中央关于党的百年奋斗重大成就和历史经验的决议》，把"坚持胸怀天下"纳入十条历史经验中。"坚持胸怀天下"具有丰富的理论渊源，它既是马克思主义原理与中华文明的价值共鸣，又是马克思主义中国化历程中的宝贵经验，弄清楚"胸怀天下"的来路，有利于更加深刻把握"胸怀天下"在第二个百年奋斗历程中的去向。

一、坚持胸怀天下一脉相承于马克思主义的理论品质

马克思主义具有科学性、革命性、开放发展性等特点，是"为人类求解放"的科学。新航路的开辟与地理大发现为"历史转变为世界历史"拉开了序幕。马克思提出"世界历史"这个重要理论思想，其背后也蕴意着在世界历史发展中对人的解放的关注，其本质是以人的自由全面发展为旨归。"人通过人的劳动而诞生的过程，是自然界对人来说的生成过程。"马克思指出："分工消灭得越彻底，历史也就越是成为世界历史。"马克思的"世界历史"并非只是一个历史地理性的范畴，其本质是关于人类自由和解放的哲学范畴。这个范畴落地到实践层面上，则在于组建了"没有任何同整个无产阶级的利益不同的利益"的马克思主义政党。正如习近平总书记曾言："共产主义不是一种狭隘的地域的运动，无产阶级要获得彻底解放必须解放全人类，号召全世界无产者联合起来。这为马克思主义政党胸怀全球、造福人类，共同创造美好世界提供了科学理论依据。"中国共产党作为马克思主义的政党，一经成立就把实现共产主义作为最高理想和追求，中国共产党一切都是为人民谋幸福、为民族谋复兴、为世界谋大同。由此可见，从理论到实践，坚持胸怀天下一直是马克思主义政党的鲜明特质。

二、坚持胸怀天下直接来源于中国共产党的百年实践

中国共产党从诞生之日起，就具有世界眼光，饱含天下情怀。中共一大纲领中的"联合第三国际""阶级区分消灭"见证了党诞生于民族危难之际，心系解放人类的担当。抗日战争爆发后，毛泽东同志把中国的抗战定位为"世界性的抗战"，带领人民以不屈不挠之志、以巨大牺牲撑起了世界反法西斯战争的东方主战场，为反法西斯战争胜利做出重大贡献。新中国成立后，明确提出"中国应当对于人类有较大的贡献"的命题。从在百废待兴的新中国，做出抗美援朝的艰难决策，以雄赳赳、气昂昂的气势，打败武装到牙齿的对手，鼓舞了全世界被压迫民族和人民争取民族独立和人民解放，到积极支持亚非拉争取和维护民族独立运动、积极支持"世界上一切国家的和平运动和正

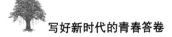

义斗争"，党在社会主义革命和建设时期，以英勇顽强的奋斗，为反对霸权主义、争取世界和平，贡献了中国力量。改革开放后，中国基于和平与发展是时代主题的判断，将中国命运融入世界命运之中，充分利用国际国内两个市场，积极促进世界多极化和国际关系民主化，成为维护世界和平与发展的中坚力量。新时代以来，面对"世界怎么了，我们怎么办"的时代之问，中国提出了"一带一路"、人类命运共同体、中国式现代化道路和全过程人民民主等一系列中国方案和中国智慧，在气候变化、减贫、反恐、网络安全和维护地区安全等领域发挥了建设性作用。百年来，无论是弱小还是强大，党始终以世界眼光关注人类命运，站在历史正确的一边，站在人类进步的一边，最终走出中国式现代化道路，创造了人类文明新形态，为人类社会发展做出重大贡献。

三、坚持胸怀天下发扬光大了中华优秀传统文化的精华

中华民族是具有天下观传统的民族。对内而言，天下观是"天下兴亡，匹夫有责"的使命担当，是"修身齐家治国平天下"的家国情怀。对外而言，天下观是"各美其美，美美与共"的大同思想，其内涵是没有不可兼容的他者，没有必须征服的异域，只有"中心"与随之而具有的"边缘"。由此可见，在中华传统文化的世界视野中，文明具有差异，却不足以冲突。中华民族对外倡导"和衷共济、守望相助""亲仁善邻、协和万邦"，以达到"大道之行、天下为公"的理想世界。在全球化的今天，我们坚持维护人类文明多样性，本国本民族要珍惜维护自己的思想文化，同时也要承认和尊重别国别民族的思想文化。此外，人类命运共同体理念的提出也是在新时代下对传统"天下观"的继承与发展。中国秉持着共商共建共享的全球治理观，在世界事务中主持公道和伸张正义，同世界一切进步力量携手前进，推动历史车轮向着光明的前途前进。这样的外交政策体现了应运新时代新发展，赓续中华优秀文明血脉而生的"胸怀天下"理念。

"坚持胸怀天下"是马克思主义中国化时代化的鲜明特征，是中国共产党百年实践的宝贵经验，是中华优秀传统文化的内在基因，是马克思主义理论与中华五千年文明相融合、在党的百年发展奋斗中凝练出来的重要经验。站在实现第二个百年奋斗目标的新起点，唯有拨清理论的迷雾，对坚持胸怀天下的理论来源有全面的认识，方能在实践中信它用它。唯有用好党的百年总结的经验，方能走好新时代的长征路，建成社会主义现代化强国。

坚持和加强党的全面领导

——解读"全面"一词的丰富意蕴

马克思主义学院　赵舒雅

一艘小小红船在百年激荡的时代浪潮中行稳致远，中国共产党从星星之火发展成为如今党员人数破九千万的大党。在百年征程中，中国共产党始终发挥中流砥柱的核心作用，领导中华民族和中国人民披荆斩棘，克服重重艰难险阻站到了新的历史坐标点。百年大考充分证明，没有中国共产党，就没有新中国，就没有中华民族伟大复兴。而历史和现实将继续证明，中国共产党是实现中华民族伟大复兴的根本保证。党的十九届六中全会深刻总结了中国共产党百年奋斗的重大成就和历史经验，特别是在坚持党的全面领导上旗帜鲜明地指出，党的领导是党和国家的根本所在、命脉所在，是全国各族人民的利益所系、命运所系，全党必须自觉在思想上政治上行动上同党中央保持高度一致，确保充分发挥党总揽全局、协调各方的领导核心作用。其中"全面"既表明党的领导的深层次内涵，亦指出实际操作层面的多方面要求。

一、"全面"内摄着坚持和加强党的领导的缘由，即实现历史与现实的统一

坚持和加强党的全面领导一是源自历史事实的选择。自1840年鸦片战争拉开国家蒙辱、人民蒙难、文明蒙尘的序幕，各阶级及其先进代表囿于主观局限和客观条件，均无法带领中国人民和中华民族走过饱经磨难、历经淬炼的历史洪流。中国共产党自成立那日起便将为中国人民谋幸福、为中华民族谋复兴作为初心与使命，从新民主主义革命时期带领中华民族和中国人民争取民族独立、人民解放，到新时代接续第一个百年奋斗目标的根基，带领广大人民朝着实现中华民族伟大复兴的宏伟目标继续前进。历史事实充分证明，只有坚持和加强党的全面领导，才能在新发展阶段中不断实现新的成功。二是解决现实问题的必需。改革开放以后，党为加强和改善党的领导进行持续努力，但党内也存在不少落实党的领导弱化、虚化、淡化、边缘化等问题，而党和国家事业如今迈向新征程，我们面临的风险考验会日益复杂，建设任务亦会日渐艰巨。我们是世界上最大的发展中国家，也是人口最多的国家，治理与建设工程量巨大的同时，还有诸多不确定因素施以重压，面对如此现实的国情世情，唯有坚持党的全面领导，才能确保全党全军全国各族人民不畏惧前路的狂风暴雨，团结一致向前进。"全面"即实现历史和现实的统一，确保党的政治领导力、思想引领力、群众组织力、社会号召力显著增强。

二、"全面"蕴含坚持和加强党的领导的内涵，即实现真理与价值的统一

"全面"意蕴丰富，内涵广泛，全面的、系统的、整体的领导是坚持和加强党的全面领导的真理追求和价值使命，三者辩证统一于党的领导。首先，全面的领导意味着领导对象、内容、过程、方法要全面覆盖。在领导对象上，党政军民学，东西南北中，党是领导一切的；在领导内容上，坚持党的领导贯彻落实五位一体建设；在领导过程上，坚持大局与细节的统一；在领导方法上，讲求科学性、针对性、全面性。其次，系统的领导意味着处理好其与要素的关系，中国特色社会主义制度体系是党科学执政的系统保障，其中党的领导制度居于统领地位，同时激发其他制度等作为系统中的要素在各方面建设中的活力。整体的领导意味着党的领导作用体现在治国理政方方面面、时时刻刻，领导功能要发挥完整。"全面"即实现真理与价值的统一，代表着其自身蕴有全面、系统、整体内涵的三者统一，融为一体，既是坚持和加强党的全面领导不懈追求的真理，亦代表着中国共产党独一无二的价值使命。治国犹如栽树，本根不摇则枝叶茂荣。因此，只有坚持和加强党的全面领导，始终坚持真理，践行初心，担当使命，全党才能思想上更加统一、政治上更加团结、行动上更加一致，为实现中华伟大复兴的中国梦凝聚磅礴伟力。

三、"全面"要求坚持和加强党的领导的路径，即实现理论与实践的统一

坚持党的全面领导具有深厚的理论基础。"全面"可溯源至《共产党宣言》这个无产阶级的科学理论和实践纲领，其中指出共产党人的独特作用，即"在无产阶级和资产阶级的斗争所经历的各个发展阶段上，共产党人始终代表整个运动的利益""他们没有任何同整个无产阶级的利益不同的利益"代表绝大多数人利益的无产阶级政党只有担负领导革命的使命，才能领导革命不断从成功走向新的成功。列宁亦指出，国家政权的一切政治经济工作都由工人阶级觉悟的先锋队共产党领导。中国共产党在革命、建设、改革各时期不断从实践中探索和深化如何更好坚持和加强党的领导。从"党指挥枪""支部建在连上""工、农、商、学、兵、政、党这七个方面，党是领导一切的"，到"坚持四项基本原则"，再到新时代"中国共产党领导是中国特色社会主义最本质的特征"，党的全面领导在百年实践中不断丰富完善其内涵，新时代坚持党的全面领导的理论底气显著增强。"全面"即实现理论和实践的统一，坚持和加强党的全面领导不是空洞、抽象的，而是具体、实在的，坚持和加强党的全面领导必须落实到现实生活和实际行动中去。

"全面"意蕴丰富，其内涵外延值得被深入挖掘探索，为新时代坚持和加强党的领导提供理论源泉、实践支撑。只要我们坚持党的全面领导不动摇，把党的领导落实到党和国家事业的各领域、各方面、各环节，就一定能够确保全党全军全国各族人民团结一致向前进，确保中华民族伟大复兴的中国梦圆满实现！百年川流不息，党向人民、向历史交出了一份优异的答卷。现在，党团结带领中国人民又踏上了实现第二个百年奋斗目标新的赶考之路。党和国家一定能继续考出好成绩，在新时代新征程上展现出新气象新作为。作为中共党员、作为新时代青年、作为马克思主义学院的学子，我们一定要以更加昂扬的姿态迈进新征程、建功新时代。

大道坦坦　用处至简

——深刻理解北京冬奥精神

中国语言文学系　周晓艺

在北京冬奥会、冬残奥会总结表彰大会上，习近平总书记用五个词高度提炼了这场运动盛会的丰富精神内涵——胸怀大局、自信开放、迎难而上、追求卓越、共创未来。"七年磨一剑"，严峻的全球新冠肺炎疫情向赛事筹备与组织提出挑战，但在冬奥申办、筹办、举办的过程中，中国仍然完成了一整套堪称完美的高难度动作。开幕式以微火点亮世界，贯彻绿色可持续原则、巧思不断；闭环内未发生聚集性和溢出性疫情，赛事精彩纷呈、热度不减。本次北京冬奥会无处不彰显了中国传统文化中大道至简的民族智慧，向世界各国人民展现了中国悠久的文明理念，向国际奥委会交出了一份"简约、安全、精彩"的冬奥答卷，与全球人民共享奥林匹克的荣光。

"细行循循，大道坦坦。"细行之处，重在循循有序；大道所至，方能履道坦坦。中国特色社会主义制度是北京冬奥会成功举办的重要基础，集中力量办大事的制度优势则源于将细行与大道辩证统一的传统文化。中国特色社会主义制度和国家治理体系植根于中国土壤，整合了中华文化之要义，既是兼具民族特色与时代特色的选择，又是最符合中国国情和民心所向的选择。汇百川之流而成海，集星星之火以燎原，是铭刻在中华民族历史记忆中的鲜亮共识。以微型的奥运火炬点亮全世界的精巧设计，即是细行合而成大道的中国智慧。大处着眼、小处着手，在冬奥申办、筹办和举办的每一个环节中，通过多方统筹和全民参与，在每一细小步骤中均以追求卓越的精神去执行，从而保证整个系统工程不卡壳、不掉链。各个岗位工作人员苦干实干、脚踏实地、迎难而上，始终树立极强的大局意识和合作意识；各部门之间协同联动、整齐划一、紧密携手，充分调动各方积极性和能动性，一起向未来，携手共进。因此，对中国特色社会主义的制度自信与文化自信是密不可分的，制度为体，文化为魂，在冬奥盛会上中国向全世界所展现的出色的领导能力、应对能力、组织动员能力和贯彻执行能力，正是对制度优势和文化自信最有力的阐释。

"得处至要，用处至简。"博观而取，取至要之处；厚积而发，发至简之用。绿色与科技便是至要至简的题中之义。冬奥的成功举办为坚持绿色生态高质量发展树立了出色标杆，为鼓励先进技术成果转化做出了杰出典范，全方位的集约化、简约化设计向全世界展现了大国担当和中国智慧，科技为绿色冬奥赋能，可持续方能向未来。深入贯彻绿色办奥理念，将体育运动与生态文明建设相结合，是冰雪运动的独特魅力所在，绿水青山是金山银山，冰天雪地也将成为金山银山。深耕科技之田，擦亮绿色名片，本次冬

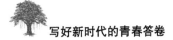

奥的筹办与举办坚持全面使用低碳能源，用张北的电点亮北京的灯，集约利用 2008 年北京奥运会场馆，把水立方变为冰立方，在游泳池上设冰壶赛道，采用智能造雪系统并首次使用二氧化碳制冷剂，张家口的"海绵赛区"建设，场馆赛后利用的长久规划……这一系列先进科技成果的应用使得绿色成为冬奥盛会的鲜亮底色，碳中和碳达峰的庄严承诺在这场属于全人类的奥运盛会上得以践行。生态文明建设关乎人类未来，坚持走绿色、低碳、循环和可持续的发展道路，是实现第二个百年奋斗目标的重要保证，更是为提升全球环境治理水平、共谋合作共赢的全球环境治理体系做出了积极贡献，北京冬奥便是中国交给国际社会的绿色满分答卷。

奥林匹克精神是全人类的精神财富，构建人类命运共同体是北京冬奥的宏伟愿景。体育健儿们在赛场上的拼搏身影生动阐释着奥林匹克精神和中华体育精神，全民参与冰雪运动的热情则彰显着阳光、富强、开放的国家形象。奥林匹克主义旨在通过体育创造一个相互理解、友谊、团结和公平竞争的奥林匹克精神，而中国传统文化中以和为贵、海纳百川的要义则与奥林匹克精神和而不同，互为补充。中国体育精神不仅在于竞技和成绩的更高、更快、更强，更在于人格与自我的完善，心灵与体格的对话，以体育促德育，以体格训练促人格发展。北京冬奥会这一国际赛事为不同民族文化之间互识互证、互鉴互补提供了舞台，也为分享交流全球疫情防控常态化下大型国际赛事举办打开了一扇窗，使得中国经验深入世界人民之心，使得中国制度的优越性有迹可循。"关乎人文，化已成天下"，秉持着共建人类命运共同体的包容开放心态，将人类社会化育为和谐共生的"天下"。国际奥委会主席巴赫说："在不知道这条隧道将要走多久的时候，我们希望奥运圣火能在隧道尽头成为一盏明灯。"在全球新冠肺炎疫情的背景下，北京冬奥奥运圣火的燃起照进了世界人民的心中，这盏灯融入了包含中国智慧的奥林匹克精神，融汇了中国人民热情活力的共创共赢精神。这场运动盛会不仅载入了国际奥林匹克运动的史册，更将刻入人类精神文明发展史的史册，成为人类文明友好交流的图鉴。

大道至简，实干为要。伟大的时代孕育伟大的精神，面对伟大时代赋予的机遇，北京冬奥会最终如期成功举办，源于党中央的集中统一领导，成于人民群众的大力支持，见于国际社会的民心所向。深刻理解与传承北京冬奥精神，共同弘扬奥林匹克精神，团结应对国际社会的挑战，以构建人类命运共同体的美好愿景照亮美好未来。

厚植爱党爱国爱社会主义情感
培养忠于社会主义建设的人才

马克思主义学院　　刘雨桉

孙中山先生说过："治国经邦，人才为急。"人才是兴国之本、富民之基、发展之源——国家发展靠人才，民族振兴需要人才，党的建设离不开人才。中国共产党历来重视人才的教育培养，团结和支持各方面人才为党和人民事业建功立业。进入中国特色社会主义新时代，党中央强调，"人才是实现民族振兴、赢得国际竞争主动的战略资源"，如何培养中国人才是一个极端重要的问题。

没有共产党，就没有新中国，坚持中国共产党的领导，是我国人才培育与时俱进、焕发生机的根本条件。回望百年党史，党在各时期各方面的领导都是中国人民和中华民族不断夺取胜利的坚强保障。从上海到井冈山，从瑞金到延安，从西柏坡到北京，中国共产党团结领导中国人民实践工农武装割据，打败日本侵略者，推翻国民党反动统治，彻底结束了旧中国半殖民地半封建社会的历史，建立了中华人民共和国。从一化三改到改革开放，从温饱不足到总体小康，中国共产党团结带领人民确立了社会主义基本制度，消灭了一切剥削制度，坚持"引进来"和"走出去"相结合，开创了中国特色社会主义发展道路。从脱贫攻坚战到"一带一路"倡议，中国共产党团结带领全国各族人民历史性地消除了绝对贫困，全面深化改革，统筹推进"五位一体"总体布局，构建人类命运共同体，开创了中国特色社会主义新时代。只有中国共产党，才能团结带领中国人民创造出新民主主义革命、社会主义革命和建设、改革开放和社会主义现代化建设、新时代中国特色社会主义的伟大成就，带领全国各族人民实现从站起来、富起来到强起来的历史性飞跃，也正是在党的坚强领导下，无数英才怀抱着热诚与信仰，在党和人民的伟大事业中贡献出力量与才华，实现对人生价值的追求。

人才培养要坚持社会主义价值导向。中华人民共和国成立后，毛泽东同志指出："我们的教育方针，应该使受教育者在德育、智育、体育几方面都得到发展，成为有社会主义觉悟的有文化的劳动者。"改革开放初期，邓小平同志提出："要努力使我们的青少年成为有理想、有道德、有知识、有体力的人，使他们立志为人民作贡献，为祖国作贡献，为人类作贡献。"后来邓小平同志的论述被发展为"有理想、有道德、有文化、有纪律"的"四有"人才标准。21世纪以来，人才培育的重要目标，是培养德智体美劳全面发展的社会主义合格建设者和可靠接班人，为进一步明确为社会主义培养建设者和接班人的导向，习近平总书记在党的十九大报告中强调："要坚持党管人才原则，聚天下英才而用之，加快建设人才强国。"只有坚持党管人才，才能培养出忠于革

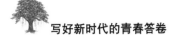
命、忠于社会主义建设的一代代青年，推动中华民族伟大复兴历史进程。

人才培养要扎根中国大地，把握时代脉搏。世界正经历百年未有之大变局，我们迎来了民族振兴的崭新机遇，也面临前所未有的风险和挑战。国际上，西方一些势力对于崛起的中国采取进一步的遏制措施，意识形态渗透与攻击更为频繁且隐蔽；在国内，社会思想观念不断受到碰撞和冲击，部分社会成员抱有对西方文明与制度的盲目崇拜，而对本国的历史与制度感到怀疑和不自信，马克思主义的指导地位存在虚化、弱化、空泛化的现象。我们要谨记"船到中流浪更急，人到半山路更陡"。愈是繁荣发展的时候，愈需要我们拿出更大的魄力、以更坚定的信心投入到党和人民的事业当中。2022 年 4 月，习近平总书记在中国人民大学考察时强调，教育要传承红色基因，扎根中国大地。历史和现实表明，社会主义没有辜负中国，中华文明仍然在中国大地上闪耀着光芒；中华民族的伟大复兴离不开人才的贡献，离不开人民的力量，更离不开中国共产党的领导。"为谁培养人、培养什么人、怎样培养人"始终是教育的根本问题，当我们站在新的历史发展关口，如何把握人才，将人才、中国人民和中国共产党更紧密地联结在一起，是推进我国社会主义事业发展的关键环节。

人才培养要厚植爱党爱国爱社会主义情感，从党史学习教育中汲取力量。习近平总书记指出："我们党的百年历史，就是一部践行党的初心使命的历史，就是一部党与人民心连心、同呼吸、共命运的历史。"重视党史学习教育，是我党牢记初心使命与自我革命的必然要求，也是增进青年人才与我党情感联结的重要途径。只有了解我党走过的风云激荡的历史，才能深刻体会中国共产党领导中国人民摆脱从前一切奴役，迈向国强民富的伟大和艰辛，才能更好理解党在中华民族伟大复兴历程中的长期实践和坚定操守，从而深化对党的信赖，坚定对党的领导的信念。爱国主义是中华民族精神的核心，是中华民族维护民族独立和民族尊严的强大精神动力。中国共产党是爱国主义精神最坚定的弘扬者与践行者，厚植爱国情感，必须深入开展党史学习教育，引导广大青年以先进党员为榜样，树立报国之志，怀揣爱国之情，将个人理想融入党和人民的事业当中。习近平总书记强调："只有社会主义才能救中国，只有坚持和发展中国特色社会主义才能实现中华民族伟大复兴。"厚植爱党和爱国情感，一定要同爱社会主义情感的培植高度统一，增强中国特色社会主义道路自信、理论自信、制度自信、文化自信，为中国特色社会主义的高质量发展提供德才兼备的高素质人才。致天下之治者在人才，成天下之才者在教化，我们要实现中华民族伟大复兴，必须坚持走中国特色社会主义道路，以立德为根本，以树人为核心，厚植爱党、爱国和爱社会主义的情感，培养可靠的社会主义建设者和接班人。

在新时代，只有牢牢把握中国特色社会主义最本质的特征是中国共产党的领导，坚持为党育人、为国育才，不断巩固我们的意识形态主阵地，才能凝聚共识、团结力量；只有扎根中国大地，传承红色基因，我们才能真正把握时代脉搏，培育出德才兼备，具有家国情怀与国际视野的中国青年。我们要坚持引导，营造氛围，更要健全体系，久久为功，厚植爱党、爱国和爱社会主义情感，培养一代又一代忠于社会主义建设的人才，实现中华民族伟大复兴。

建功当代信千诺，传薪勇拓昭党情

中山医学院　　王哲希　　　电子与通信工程学院　　陈立邦

走过筚路蓝缕启山林、栉风沐雨砥砺行的时代，吾辈感慨祖国功业之伟成、气运之蓬勃。百年风雨兼桎，逐梦而行，伟大的事业薪火相传，伟大的政党生生不息。在中国共产党第二十次全国代表大会召开之际，在走向"强起来"、走向社会主义现代化强国、走向中华民族伟大复兴梦的时刻，党之魄力，党之实践，党之决心，实为中华复兴大业之领导核心，中华儿女源源不绝之内在精神动力！正值百年未有之大变局，响应"奋进新征程，建功新时代"的号召，回想十九大"不忘初心、牢记使命"的主题，身为新时代青年的我们，在成长的路上，亦真真切切地见证了国家在各个方面的成长与成就——漫江碧透，百舸争流！

一、百万同心齐抗疫，火线冲锋为民魂
——建功在民生

党的宗旨始终坚持。

乔木亭亭倚盖苍，栉风沐雨自担当。千百年来，治河御寇、安民固国的民生问题在中华民族成长的道路上从来逃不出"水能载舟，亦能覆舟"的箴言。长久以来，中国共产党一直将民生问题放在突出位置，以强有力的措施保障国土、人民的安全，共克时艰，有目共睹，在这场突如其来的疫情中体现得淋漓尽致。

"封闭一座城，守护一国人。"

"疫情就是命令，防控就是责任！"

"党员跟我上！"

一句句熟悉的言语，掷地有声、毅然决绝。无数眼神凝望、无数力量汇集、无数暖流涌动，流淌至城市的最深处，直抵抗疫的最前线——摧伤虽多意愈厉，直与天地争春回，一次疫情冲不垮中国共产党执政为民、一心为民的坚定决心，更挡不住中国人民前进的步伐、中华民族实现梦想的步伐。纵使严重的疫情冲击着国家运转、社会运行的方方面面，尽管遭受着国外媒体的抹黑造谣，国家保持的姿态始终是守护人民的利益，力求保障民生。全面小康的如期实现，脱贫攻坚的伟大胜利，这些实实在在发生在身边的事，无不是党为改善民生取得的伟大业绩——"保障和改善民生没有终点，只有连续不断的新起点"，谨记习近平总书记的指示，党还在不断努力！

党的初心时刻未变。

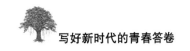

二、冰雪飞扬三亿梦，双奥火燃二月霜
——建功在担当

这一朵雪花，浓缩了百年的奋斗征程，以冰雪为媒，与世界同行，是中国之诺，更是大国之担当。

这是一场彪炳史册的奥运盛会，"雪花"的缓缓熄灭，标志着新冠肺炎疫情发生以来全球首个如期举办的综合性体育盛会画上圆满的句号，同时也是中国交出的防疫和办赛的双重完美答卷——在全球抗疫的艰难时刻，中国以冬奥之名，为奥林匹克运动的发展再次提供中国方案，为构建人类命运共同体再次贡献中国力量，这是国家的担当。这是一场精心设计的文化盛宴，二十四节气、黄河之水、冰雪五环各式各样，艺术、数字、科技完美融合，大家为之心动、为之激扬，这是文化与科技的担当。从苏翊鸣到谷爱凌，朝气蓬勃的冬季体育明星熠熠生辉，成为中国迈向冰雪大国、体育强国道路上鲜明的注脚，这是青年们的担当！

从北京奥运会到北京冬奥会，从"人海战术"到"简约唯美"而"真正无与伦比的冬奥"，中国智慧与中国方案从来没有褪色，穿越历史烟云，绽放的光辉历久弥新。这股愈发强大的力量源于有党的集中统一领导，源于有集中力量办大事的制度优势，还源于有综合国力的强大支撑、有人民群众的大力支持。而这份文化担当、责任担当，也在中国每一次的大踏步实践、每一次有力回击来自外国颠倒是非的实际行动中，似那八千里路云和月的止水般坚韧，也如为有源头活水来的风拂般功成，深深印证在每一个人的心中。

三、科技蓬勃创新机，登月飞天造梦桥
——建功在工程

100多年前，孙中山先生一笔一划写下的《建国方略》中，构想了这样的宏伟蓝图：要修建约16万公里的铁路、160万公里的公路，开凿并整修全国水道和运河，建设3个世界级大港，发展内河交通和水利，发展电力事业等。在他看来，只有这样才能"振兴中华"。100多年后的今天，中国已崛起成为全球第二大经济体，经济总量占比达到全球的约1/6。不仅如此，我们的国土之上，一张前所未有的超级网络正在全面铺开。当你拆开它们，将看到4.8万公里的特高压输电线路，11.5万公里的天然气和原油管道，14.6万公里的铁路网络，以及519.8万公里的公路网络，其中多项都位列世界第一。

过去的五年里，港珠澳大桥成功横跨伶仃洋、复兴号动车组飞驰神州大地，新一代移动通信网络广泛普及……这些牵动人心的成果无不彰显着祖国的责任与担当，这是一个创造梦想的时代！过去的五年里，"嫦娥"登月、"神舟"飞天、"北斗"组网、"天眼"巡空……这些大国重器的背后无不闪耀着祖国的实力与前途，这是一个成就梦想的时代！

五年来，一个个超级工程、一张张中国基础建设的大网编织起人民走向幸福、美好的希望版图，托举起中华民族伟大复兴的中国梦。

四、问渠那得清如许，为有源头活水来
——建功在思想

历史的长河奔流不息，思想的波涛卷起巨澜。在人类社会发展的浩瀚历史中，先进的思想总是与非凡的事业彼此辉映，科学的理论总是与实践相互激荡，党的理论也因此永葆青春，与时俱进。

在庆祝中国共产党成立100周年大会上，习近平总书记庄严宣告：经过全党全国各族人民持续奋斗，我们实现了第一个百年奋斗目标，在中华大地上全面建成了小康社会，历史性地解决了绝对贫困问题，正在意气风发向着全面建成社会主义现代化强国的第二个百年奋斗目标迈进。全面建成小康社会，是党和国家对人民的承诺！这是中华民族的伟大光荣！这是中国人民的伟大光荣！这是中国共产党的伟大光荣！

党的十九届六中全会通过了党的第三个历史决议，重点研究全面总结党的百年奋斗的重大成就和历史经验问题。百年成就使人振奋，百年经验给人启迪。决议在十九大报告"八个明确"的基础上，用"十个明确"对习近平新时代中国特色社会主义思想的核心内容作了进一步概括。从"八个明确"到"十个明确"，既有一脉相承的"不变"，也有与时俱进的"变化"，体现出守正与创新的统一，是党的先进性的生动体现。从"八个明确"到"十个明确"，突出了中国特色社会主义强大的生命力，奠定了中华民族伟大复兴的坚实基础。

一代代中国人的披荆斩棘，才终于让原本破碎的国家得以重整山河，走在崛起的道路上，终于让今天的我们能够逐渐接近一个梦想。它是喻培伦、方声洞、陈更新、林觉民等黄花岗烈士在清军的枪炮下死难时的梦想，是毛泽东、何叔衡、董必武、陈潭秋等各地共产主义小组的代表在嘉兴南湖的游船上殷殷期盼的梦想，是钱学森、李四光、邓稼先、华罗庚等2500多名旅居海外的专家学者放弃优渥的条件回归祖国怀抱时的梦想，是一代又一代中国人从1840年起就没有停止过的梦想。今天，我们致敬那些曾在逆境中改变国家命运的中国人，而未来也必将有更多人接过父辈的旗帜，在这片古老的土地上创造出新的奇迹。今天，我们比历史上任何时期都更接近、更有信心和能力实现我们的伟大梦想！

党的十九大以来的五年，是党和国家发展进程中极不平凡的五年。我国正处于百年未有之大变局的深度调整期、百年未遇之大疫情持续影响期和"两个一百年"奋斗目标的历史交汇期，这三个百年大局相互叠加、交互作用。在以习近平同志为核心的党中央坚强领导下，只要我们增强"四个意识"、坚定"四个自信"、做到"两个维护"，继续发扬历史主动精神，踔厉奋发、笃行不怠，乘势而上、继续奋斗，我们就一定能创造无愧于党、无愧于人民、无愧于时代的新业绩，在新时代新征程上展现新气象、新作为，向着实现第二个百年奋斗目标奋勇前进！

以诗叙理　以史鉴今

——浅谈新时代下我国的外交

法学院　章芷凡

大风起兮云飞扬，时代洪流兮浩浩汤汤。抚今追昔，鉴往思来，中华民族浩瀚璀璨的历史将一个民族、一种文明的命运紧密地串联起来。习近平总书记在庆祝中国共产党成立 100 周年的大会上曾言："以史为鉴，可以知兴替。"诚哉，我们能透过历史的罅隙觑见过往的宝贵经验，而我们也能通过矮纸斜行间的诗句，静心沉潜窥见大国外交中的文化深蕴。

万物得其本者生，百事得其道者成。以重"道"之诗，叙偕行外交之理。早在西汉，刘向便已经在《说苑》中向世人阐释道之重要性，"道之所在，天下归之"。古人之道，是不变之变，是无穷变化的皈依，更是仁义之心、仁爱之道；而今之道，是变幻莫测的时代趋势和国际局势。

习近平总书记曾多次在会议中，就当前的国际形势发展变化和我国的外交进路进行科学分析和统筹部署，推动新时代下中国特色大国外交不断开拓进取。在与诸国建交周年纪念的贺电中，习近平总书记也屡次将"与时俱进"和"顺应大势"作为发言的关键词，以此涵摄新形势下的和衷共济和守望相助的坚定信念和大国担当。中国立下绿色发展的承诺，并且建信守诺，发布碳达峰碳中和的方案，推进全面绿色转型；面对新冠肺炎疫情的肆虐，中外携手共进，开展疫苗生产和药物研发的合作，打造共同防疫典范；站在经济全球化的节点，世界凝聚共识，发展开放融合和公正普惠的体制，迸发贸易体系活力。

在云谲波诡的时代中，中国始终顺应历史大势之"本"，时代潮流之"道"，笃行合作的责任，挑大梁、提方案、献智慧、展担当，走和平发展道路，彰显我国亘古存续的大同精神，深蕴世界绵延千年的天下情怀。

删繁就简三秋树，领异标新二月花。以重"新"之诗，叙创新外交之理。这是习近平总书记曾多次提及的清代画家郑板桥所爱楹联，寥寥数笔、脉络分明，"三秋树"方成一方景观；独创一格、争奇斗艳，"二月花"方能自辟新路。

从中华民族复兴到国际社会和谐，再到人类命运共同体，中国始终牢牢抓住世界趋势这一"风向标"，从颇具不确定性和不稳定性的国际局势中攫取历史发展之大潮流，保持外交理念主脉络之稳定性。而在党的十九届六中全会通过的《中共中央关于党的百年奋斗重大成就和历史经验的决议》中所提出的新型国际关系，不仅是国际形势之新，更是实操之新。拾人牙慧，陈陈相因，并非当下新中国建设新型国际关系的实践之道，面对中国日益趋近世界舞台中央的新态势，外交转型势在必行。

于理论之新，从党的十八大到十九大，建立新型国际关系的相关理论不断系统化，逐渐形成"以相互尊重为基本前提、以公平正义为基本原则、以合作共赢为基本目标"的三项标识，实现了对传统国际关系的历史性超越。坚持中国特色，摆脱旧时窠臼，其摒弃了以防范心理为中心的战略博弈形式，而趋向于建设以相互尊重为指引的合作偕行模式，是兼具温和性和持续性的"大国外交"。

于话语之新，在国际社会的话语体系中，中国故事里的中国声音愈发嘹亮，争取沟通理解、促进增信释疑、深耕中外合作。新时代的中国，提出"以文明交流超越文明隔阂、以文明互鉴超越文明冲突、以文明共存超越文明优越"的新型文明观，倡导以"一带一路"作为构建人类命运共同体基石的新型合作观，在多元的领域推进语言分化，以区域化、分众化的话语实现中国智慧的精准表达。

创新之花葳蕤开，展得风采引蜂蝶。不论是"韬光养晦"还是"奋发有为"，中国始终在对外工作的理念上展现着鲜明的大国气派，深蕴中国外交的经验，把握主流，创新转型，凸显大国外交的创新活力。

"大鹏一日同风起，扶摇直上九万里。"以重"风"之时，叙特色外交之理。抟扶摇羊角而上之大鹏，除了以翱翔之姿，展宽厚之翅，更应置身九万里，而风斯在下矣，而后乃今培风。何谓"中国之风"？所谓"中国之风"，自中华五千年前而来，携一身浩然之风，直往高峰皓月。俯观岁月流水，仰撷昨夜星辰，中国之风，是和而不同，是解放思想，更是党统一领导的大国外交政治本色，是我们历史形成的中华民族特有的精神之大成。

"海纳百川，有容乃大"，胸怀天下是我国在对外交往过程中的民族底色。亚投行、一带一路、人类命运共同体等中国方案中蕴含的和衷共济、和而不同、求同存异等思想，无一不与当今世界的可持续发展观深度契合。与邻为善、以邻为伴，"亲、诚、惠、容"等诸多理念在周边外交场域上力行中国外交的亲和力和感染力，实力深化与他国裨益供应的友好局面。

"解放思想，与时俱进"，实事求是是我国在对外交往过程中的活的灵魂。面对肆虐的疫情，我国积极创新重大抗疫合作举措。在二十国集团领导人应对新冠肺炎疫情特别峰会、第七十三届世界卫生大会视频会议及新冠疫苗合作国际论坛等多个会议中，习近平总书记多次在发言中表明携手抗疫的坚定决心，针对抗疫活动的阶段性态势提出中国方案，加强与国际组织的沟通协调，推进与国际社会的经验分享，通过方案共享、派遣团队和药物援助等方式，推动人类卫生健康共同体的构建。

"党管外交，统一领导"，集中统一是我国在对外交往过程中的根本保障。在全面深化改革的部署下，中央外事工作领导小组改为中央外事工作委员会，全面加强外交领域的总体协调性和整体统筹性，强化人大、政府及民间组织等多元化主体在对外交往活动中的协同作用，巩固我国全方位的立体式外交建构，诠释统一领导的可行性与先进性。

大国外交中的中国特色之"风"，吹在驼铃叮当的丝绸之路之上，拂过外派抗疫的医护人员衣襟，赓续统一领导的红色血脉基因，使中国外交借浩浩之风，去冗拨尘，步

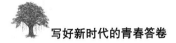

入青云，在国际社会上擘画大国外交的绚丽画卷。

秉"道"、重"新"、扬"风"，中华诗词如香茗，无穷的韵味引我们潜沉思考其中的奥义；顺应历史大势，激发多维创新，坚持中国特色，中国历史如星汉，璀璨的过往引我们撷取摘下其中的经验。青史可鉴，中国共产党是中华民族的坚强领导核心。近年来，以习近平同志为核心的党中央以其真知灼见和初心使命，立足当代中国立场，带领中国人民共同构建人类命运共同体，营造开放包容、和平供应的时代环境。中国人民在党的带领下，于劈波斩浪中开拓前进，于披荆斩棘中开辟天地，为实现两个一百年的目标砥砺前行，以春无遗勤，期秋有厚冀。

以诗叙理，以史鉴今。唯有在时代潮流中稳住脚跟，彰显中国风采，坚持外交的创新性发展，方能为我国的大国外交擘画更为隽丽宏伟的蓝图，茂百年风华，扬外交美名。

生逢盛世，敢当大任

哲学系　时鑫豪

青年人生逢伟大时代，是党和国家事业发展的生力军，必须练好内功、提升修养、增强本领，努力成为可堪大用、能担重任的栋梁之材，为实现第二个百年奋斗目标而努力工作，不辜负党和人民的期望和重托。

时间之河川流不息，每一代青年都有自己的际遇和机缘，都要在自己所处的时代条件下谋划人生、创造历史。

青年人精力充沛、思维活跃、接受能力强，正处在长本事、长才干的大好时期，一定要珍惜光阴、不负韶华，如饥似渴地学习，一刻不停地提高。青年是时代最灵敏的晴雨表，时代的责任赋予青年，时代的光荣属于青年。行百里者半九十。距离实现中华民族伟大复兴的目标越近，我们越不能懈怠，越要加倍努力。

奋斗的道路从来不会平坦，只有不断奋起、永不气馁的强者才能成功。新时代中国青年要不屈不挠、砥砺奋斗，坚持把自己的青春奋斗汇入中国特色社会主义事业的大潮，为实现中华民族伟大复兴的中国梦而奋斗。

青年人能为党做的最好事情，就是在党的领导下，勇做走在时代前列的奋进者、开拓者、奉献者，以执着的信念、优良的品德、丰富的知识、过硬的本领，同全国各族人民一道，担负起历史重任，为新时代贡献自己的力量。实现"两个一百年"奋斗目标，我们和千千万万青年将全过程参与。有信念、有梦想、有奋斗、有奉献的人生，才是有意义的人生。当代青年建功立业的舞台空前广阔、梦想成真的前景空前光明，要努力在实现中国梦的伟大实践中创造自己的精彩人生。实现中国梦，需要依靠青年，也能成就青年。在 2022 年我国首次成功举办冬奥会、冬残奥会，实现了超过 3 亿人参与冰雪运动的目标，为中国人民和国际奥林匹克运动作出重大贡献，改变了整个世界冬季运动的格局，开启了全球冰雪运动的新时代。在此次盛会上，中国青年代表国家展现了阳光、富强、开放的良好国家形象，振奋了民族精神，增进了各国人民对中国的了解和认识。青年人在此次盛会上表现非凡，为国争光，使得冬奥会不仅是体育竞技的舞台，也是中国青年和各国青年分享青春、交流思想、畅谈未来的舞台。

新时代是追梦者的时代，也是广大青少年成就梦想的时代。我们应当心系祖国，志存高远，脚踏实地，在奋斗中创造精彩人生，为祖国和人民贡献青春和力量。

新时代中国青年要增强做中国人的底气，练就过硬本领。要实现中华民族伟大复兴，不仅需要增强志气和骨气，还必须增强底气。新时代中国青年的底气，来源于对中国特色社会主义事业的高度认同和自信，来源于对自己能力和本领的信心。对中国特色社会主义事业的高度认同和自信，对中国特色社会主义的道路自信、理论自信、制度自信和文化自信，是新时代中国青年底气的根本精神保证。实现中华民族伟大复兴不是抽象的，新时代中国青年是在中国特色社会主义道路的方向指引下努力奋斗的。今天，中国已经实现了第一个百年奋斗目标，在中华大地上全面建成小康社会，历史性地解决了绝对贫困问题，正在意气风发地向着全面建设社会主义现代化强国的第二个百年奋斗目标迈进。中国特色社会主义展现了强大的理论力量、精神力量和实践力量，显示了蓬勃生机，为新时代中国青年的底气提供了源源不断的精神力量。新时代中国青年的底气，还来源于对自己本领能力的信心。实现中华民族伟大复兴，需要新时代中国青年发挥自己的聪明才干，贡献自己的力量，这就要求新时代中国青年脚踏实地、苦练本领。不论是成就自己的人生理想，还是担当时代的神圣使命，新时代中国青年都要珍惜韶华、不负青春，努力学习掌握科学知识，提高内在素质，锤炼过硬本领，使自己的思维视野、思想水平、认识水平跟上越来越快的时代发展。历史使命要求新时代中国青年提高自身素质，时代发展也要求新时代中国青年练就过硬本领，而能力素质的提高自然会提升自身的底气。站在新征程新起点上，面对国内改革发展重任，面对世界百年未有之大变局，我们还有许多"雪山""草地"需要跨越，还有许多"娄山关""腊子口"需要征服。因此，新时代中国青年重温党领导人民进行伟大斗争的历史，必须大力发扬红色传统，传承红色基因，赓续共产党人的精神血脉，始终保持革命者的大无畏精神，鼓起迈进新征程、奋进新时代的精气神。青年应当学会自觉继承弘扬红色精神，以党的光荣传统和优良作风凝聚力量，在英雄模范人物的伟大精神激励下砥砺奋进，将红色精神内化于心、外化于行，从而做到在艰难险阻面前勇挑重担，在挫折困境中百折不挠，坚定初心使命把党的事业继承好、发展好。

只有坚定马克思主义信仰，坚定社会主义和共产主义信念和信心，在心里扎了根，才能源源不断获得精神之钙，才能胸怀大志、心向远方，形成团结奋进、无坚不摧的磅礴力量。

"纸上得来终觉浅，绝知此事要躬行。"坚定的马克思主义信仰一定是建立在对中国特色社会主义伟大实践的全面认知和深刻理解的基础之上的。因此，广大青年走出校园"象牙塔"，走进社会"大课堂"，在社会实践中充分了解国情、党情、社情和民情。乘上四通八达的高铁遍览大江南北，就能亲身感知科学理论指引下的中国改革开放带来的巨大变化；去到疫情防控第一线，就能切身感受在抗击新冠肺炎疫情斗争中彰显的中国特色社会主义制度的显著优势；走进云南凤庆、湖南湘西十八洞村、河北塞罕坝等地看一看，就能在山乡巨变、今昔对比中感受到脱贫攻坚、乡村振兴、美丽中国建设取得的伟大成就。俗话说："耳听为虚，眼见为实。"社会实践就是一个体悟生活、思索当下、升华心境、感召使命的过程。通过社会实践调查，能够让广大青年增强阅历开阔视野，对一个国家的发展、一个执政党的建设有着更为全面而深刻的体悟；也会让广大青年获得比书本更多更丰富的新鲜素材，获得更为生动、具体、深入的纵横比较和更坚定、更主动的责任感，从而真正懂得中国共产党为什么能、马克思主义为什么行、中国特色社会主义为什么好；才能真正相信"中国之治"与"东升西降"的世界历史潮流。只要知行合一，将书本上的理论与校园外的现实相结合，青年学子们才能够进一步提升做中国人的志气、骨气和底气。

"济济多士，乃成大业；人才蔚起，国运方兴。"育人育才，大学之责。青年人要以更加积极有为的精神状态和实际行动，心怀"国之大者"，坚定"四个自信"，将爱国之情、强国之志、报国之行融入实现中华民族伟大复兴的奋斗之中，谱写新时代的青春之歌。当代中国青年一定能够担当起党和人民赋予的历史重任，在激扬青春、开拓人生、奉献社会的进程中书写无愧于时代的壮丽篇章！

二等奖

用唯物史观科学把握党百年奋斗的历史经验

马克思主义学院　　方太坤

唯物史观是共产党人认识和把握历史的根本方法。一切从社会客观存在出发是认识和把握历史的起点。党的十九届六中全会通过的《中共中央关于党的百年奋斗重大成就和历史经验的决议》（以下简称《决议》）是一份关于历史的决议，也是一份历史的决议，特别是其中的十条历史经验是党在长期历史实践中积累、总结、提炼出的宝贵思想精华，极具历史意义和实践价值，理应用唯物史观科学地加以把握。

一、党的百年奋斗历史经验深深植根于党的百年奋斗的社会和实践土壤

社会存在决定社会意识，社会存在是社会意识的客观来源。党百年奋斗的历史经验不是在头脑中凭空主观臆想出来的，而是有其现实的客观物质条件以及活动于其之上的实践根基。在新民主主义革命时期，我国还处于半殖民地半封建社会，自给自足的小农经济在社会经济形态中占主导地位，帝国主义、封建主义、官僚资本主义是压在全国人民头顶的三座大山，这是党奋斗面临的最基本的社会状况。在此基础上党立足我国实际国情，在大革命时期、土地革命战争时期、抗日战争时期、解放战争时期中逐步以工业无产阶级为领导力量，以农民为最广大和最忠实的同盟军，开辟了农村包围城市、武装夺取政权的革命道路，进行英勇的革命斗争，最终实现了民族独立和人民解放。在社会主义革命和社会主义建设时期，我国在内是一穷二白、百废待兴，在外是受西方势力封锁。在这种积贫积弱的社会经济条件和严峻的国际政治环境下，党带领人民从新民主主义社会向社会主义社会转变，不断推进社会主义建设，陆续进行了社会主义三大改造、抗美援朝斗争、国防军工业发展以及一系列政治、经济、文化、社会建设等，不仅稳固了政权，还实现了中华民族有史以来最深刻的历史变革，为社会主义事业新的发展奠定了坚实基础。虽然在这一过程中也经历了严重曲折，但教训也是一种宝贵经验。在改革开放和社会主义现代化建设新时期，我国最开始与西方发达国家和周边快速发展中的国家相比生产力基础在总体上相对落后，思想上受计划经济体制时期的影响较重，市场经济中的生产经营管理以及社会治理等经验不足。面对改革发展稳定和一系列其他国内外风险挑战，党带领人民实事求是、解放思想，团结一致向前看，探索有中国特色的社会主义，进行了一系列积极的改革，战胜了一系列艰难险阻，诸如实行家庭联产承包责任制、探索社会主义市场经济体制、设立经济特区、抗击自然灾害、迎击金融风暴等，不仅开创了各方面事业的新局面，还在世界社会主义运动遭遇严重挫折面前坚决捍卫和发展了中国特色社会主义，取得了举世瞩目的伟大成就。

在新时代，我国的社会生产力虽然快速提升，但是各方面发展依旧存在不平衡和不

充分的状况，面对新的社会主要矛盾，立足于新的经济社会条件，以习近平同志为核心的党中央坚持"两个结合"，统筹"两个大局"，系统推进新时代中国特色社会主义事业发展，先后出台了一系列重大方针政策，推出了一系列重大举措，推进了一系列重大工作，战胜了一系列重大风险挑战，解决了许多长期想解决而没有解决的难题，办成了许多过去想办而没有办成的大事，推动党和国家事业取得历史性成就、发生历史性变革。具体而言，诸如反腐败斗争取得压倒性胜利、新发展理念落地生根、人类命运共同体倡议扎实推进、生态环境根本好转、脱贫攻坚完全胜利、意识形态主旋律不断壮大、社会经济高质量发展等，这些均是党带领人民在伟大的中国特色社会主义实践中取得的丰硕成果。

党百年奋斗的历史经验深深植根于上述各个历史时期的中国大地，蕴藏于上述党百年奋斗的伟大实践之中。只有立足于党每个奋斗时期的客观历史条件，深刻分析党每个奋斗时期的具体实践过程，进而对其进行总结和归纳，才能科学把握党百年奋斗的历史经验。离开对党每个具体时期奋斗的具体社会历史条件和实践过程的把握，空谈党百年奋斗的历史经验，只会陷入形式主义和教条主义的泥潭，严重者甚至会走向历史唯心主义，我们必须要引以为戒。除此之外，我们需要注意的是党百年奋斗的历史经验在不同的历史时期中，依据不同的社会历史条件和时代任务有其不同的具体生动的现实样态，每一条历史经验均有其各自的历史继承性，有其特殊的规律，对待和运用这些历史经验，我们要始终坚持实事求是的态度，同时也要随时随地以实际的历史条件为转移。

二、党百年奋斗历史经验是指引党不断取得新胜利的理论遵循

社会意识反作用于社会存在。社会意识具有能动性，这种能动性在一定条件下能够转化为物质力量并作用于社会存在，影响历史的发展进程。党百年奋斗的历史经验是党和人民在自我的奋斗实践中总结提炼出来的，是一种自觉的、系统的、相对稳定的先进社会意识，可以在一定程度上预见、推断未来，指导人们的实践活动，对社会发展起着积极的促进作用。马克思曾指出，"一步实际运动比一打纲领更重要"，"思想本身根本不能实现什么东西。思想要得到实现，就要有使用实践力量的人"。党百年奋斗历史经验所具有的能动作用只有通过指导人们实践活动才能实现。人民群众是社会历史的主体，是历史的创造者；中国共产党是无产阶级的先锋队，是历史和人民选择的执政党，党代表最广大人民的根本利益。党百年奋斗历史经验只有被党带领人民贯彻落实到中国特色社会主义新的伟大实践中，才能迸发强大的物质力量。

在具体指引路径上，第一，坚持党的领导是中国特色社会主义事业和中华民族繁荣发展的根本政治保证。只有坚持党对各项事业的全面领导，全党全军全国各族人民才能团结一致向前进。第二，坚持人民至上是党拥有强大执政根基、执政底气、执政力量的动力源泉，只要始终坚持以人民为中心发展事业，党就一定能够带领人民取得中国特色社会主义新的更大胜利。第三，坚持理论创新是党不断开辟事业新局面的思想武器和理论指引，只要党不断结合新的实践和时代问题推进理论创新，并用新的理论指导实践，党就一定能够带领人民让马克思主义在中国大地上迸发强大真理力量。第四，坚持独立自主是党开展工作的重要原则，是党百年奋斗中得出的历史结论。党只有扎根中国大

地，结合中国实际，始终带领人民自己做自己的主人、自己解决自己的问题，不断独立自主、自力更生，既学习国外有益成果和经验，又坚定民族自尊心、自信心，聚焦自身发展，就一定能够牢牢掌握自己的命运。第五，坚持中国道路是党带领人民在实践中摸索出的最符合中国国情的正确道路。只要党和人民坚定不移走中国特色社会主义道路，就一定能够建设好社会主义现代化强国。第六，坚持胸怀天下是党秉持公平正义、维护世界和平发展的优秀思想和行为品格。只要党带领人民始终坚持走和平发展道路，在国际舞台中主持公道、伸张正义，始终站在人类进步的一边，就一定能够为人类文明进步做出贡献，助推世界历史向前发展。第七，坚持开拓创新是党战胜一切艰难险阻的不竭动力。党百年的奋斗历程就是党百年的创新过程。创新是一个国家、一个民族发展进步的不竭动力，同时也是一个政党不断开创工作新局面、事业新气象的不竭动力，只要党始终带领人民直面现实问题，回应人民诉求，不断锐意进取，积极推动中国特色社会主义事业各方面创新，就一定能够创造出一个又一个人间奇迹。第八，坚持敢于斗争是党和人民不可战胜的精神力量。只要党带领人民始终坚持不断发扬斗争精神，增强斗争本领，提升斗争技术，开展斗争行动，就一定能够战胜前进道路上的各种艰难险阻和风险挑战。第九，坚持统一战线是党克敌制胜、执政兴国的重要法宝，党只要始终坚持团结一切可以团结的力量，调动一切可以调动的积极因素，就一定能汇聚起推动中国特色社会主义事业发展的磅礴力量。第十，坚持自我革命是党不断保持自身强大的重要秘诀，也是党区别于其他政党的显著标志。党只有始终坚持实事求是，坚持真理、修正错误，不断开展批评和自我批评，砥砺自我，努力奋进，才能永葆青春活力，确保党始终是中国特色社会主义伟大事业的坚强领导核心。

三、努力在把握党百年奋斗历史经验的基础上主动开创事业新篇章

党百年奋斗的历史经验是党和人民共同创造的宝贵精神财富。在这一精神财富中蕴含着党在困境中不屈的精神支撑、在前进中进取的精神指引、在斗争中迸发的精神力量，党百年奋斗的历史经验是党不断接续奋斗必须学习和遵循的纲领指南。在革命、建设、改革各个历史时期，我们党都积累了丰富的奋斗经验，在奋斗中也倍受已总结经验的鼓舞和促进。1945 年的《关于若干历史问题的决议》，是在全面抗战进入新阶段形成的，在总结党二十四年奋斗经验的基础上，党在思想上、政治上、组织上达到了空前的巩固和统一，最终助推了抗日战争、解放战争的伟大胜利并顺利推动了新民主主义革命向社会主义革命转变，促进了社会主义建设。1981 年的《关于建国以来党的若干历史问题的决议》是在社会主义建设的历史转折时期形成的，在回顾党奋斗的六十年，特别是新中国成立三十年历史的基础上，党对党历史上的若干大事给予了基本总结，这为全党和全国人民在思想和认识上达成一致、团结一致向前看奠定了坚实基础，此后便开启了波澜壮阔的改革开放伟大历史进程。历史和现实都表明，只要党认真总结自身奋斗经验，战斗力必然会大大提升，只要党实事求是和与时俱进地将党总结的奋斗经验运用于新的工作实践，就一定能够取得一个又一个新的更大胜利。

在建党一百周年之际，党的十九届六中全会通过的《中共中央关于党的百年奋斗重大成就和历史经验的决议》，不仅是对党第一个百年奋斗的礼赞和总结，同时也深刻

预示着我们党将带领人民开启新的更加气势磅礴的伟大征程。"潮平两岸阔，风正一帆悬"，中华民族伟大复兴的巨轮正劈浪前行。在即将到来的党的第二个百年奋斗进程中，我们要立足发展实际，努力在思想上科学把握和在行动上坚决贯彻党百年奋斗的历史经验，遵循历史规律，顺应历史大势，发挥历史主动精神，进一步坚定信心、团结一致、凝聚力量，聚焦我们正在做的事情，以更加昂扬的精神迈进新征途，以更加积极的行动建功新时代，努力助推实现中华民族伟大复兴。

共谋新发展　启航新征程

马克思主义学院　邓慧雯

党的十九大根据国内外形势提出，中国社会的主要矛盾已经转化为人民日益增长的美好生活需要和不平衡不充分的发展之间的矛盾，中国特色社会主义进入了新时代，这是我国发展新的历史方位。这一判断深刻把握了世情、国情、党情。针对新时代坚持和发展什么样的中国特色社会主义、怎样坚持和发展中国特色社会主义，建设什么样的社会主义现代化强国、怎样建设社会主义现代化强国等重大时代课题，习近平新时代中国特色社会主义思想提出了一系列原创性的治国理政新理念新思想新战略。《中共中央关于党的百年奋斗重大成就和历史经验的决议》以"十个明确"对习近平新时代中国特色社会主义思想的核心内容进行了系统概括，其中一个重要方面就是："明确必须坚持和完善社会主义基本经济制度，使市场在资源配置中起决定性作用，更好发挥政府作用，把握新发展阶段，贯彻创新、协调、绿色、开放、共享的新发展理念，加快构建以国内大循环为主体、国内国际双循环相互促进的新发展格局，推动高质量发展，统筹发展和安全。"

一、准确把握新发展阶段

党的十九届五中全会提出，全面建成小康社会、实现第一个百年奋斗目标之后，我们要乘势而上，开启全面建设社会主义现代化国家新征程，向第二个百年奋斗目标进军，这标志着我国进入了一个新发展阶段。作出这样的战略判断，有着深刻的现实依据。"十三五"规划收官之时，我国经济实力、科技实力、综合国力和人民生活水平跃上了新的大台阶，我国成为世界第二大经济体、第一大工业国、第一大货物贸易国、第一大外汇储备国，国内生产总值超过 100 万亿元，人均国内生产总值超过 1 万美元，城镇化率超过 60%，中等收入群体超过 4 亿人。特别是全面建成小康社会取得伟大历史成果，解决困扰中华民族几千年的绝对贫困问题取得历史性成就。这在我国社会主义现代化建设进程中具有里程碑意义，为我国进入新发展阶段、朝着第二个百年奋斗目标进军奠定了坚实基础。

二、深入贯彻创新、协调、绿色、开放、共享的新发展理念

从国内来看，发展的不平衡不充分主要体现在三个方面：一是产业发展不平衡。当前中国正面临着中低端产能过剩与高端产能不足的结构性矛盾，国内企业无法有效满足居民对高质量产品和服务日益增长的需求，同时还面对着中低端产能过剩引发的库存、债务压力和结构性失业等危机。二是城乡、区域发展不平衡及由此引发的贫富不均。农

业现代化和基本公共服务均等化仍面临着艰巨的任务；东、中、西部发展水平还有很大差距，改革滞后地区的体制性障碍、资源枯竭地区的可持续发展、生态保护与农业主产地区的财政转移支付等难题亟须破解。三是经济建设与其他领域建设的不平衡。过去的主要矛盾是人民群众日益增长的物质文化需求同落后的社会生产之间的矛盾，因此各项工作都以经济建设为中心，其他领域建设相对滞后，出现了社会矛盾加剧、生态破坏、环境污染等问题。这些问题都属于深层结构性难题，而新发展理念就是回应新时代"发展"这一重大课题的。其中，创新发展注重的是解决发展动力问题，协调发展注重的是解决发展不平衡问题，绿色发展注重的是解决人与自然和谐问题，开放发展注重的是解决发展内外联动问题，共享发展注重的是解决社会公平正义问题。要想破解发展的结构性难题，关键就在于深入贯彻新发展理念，必须实现创新成为第一动力、协调成为内生特点、绿色成为普遍形态、开放成为必由之路、共享成为根本目的的高质量发展，从而推动经济发展质量变革、效率变革、动力变革。

三、加快构建以国内大循环为主体、国内国际双循环相互促进的新发展格局

基于我国比较优势变化，构建新发展格局是"应对新发展阶段机遇和挑战、贯彻新发展理念的战略选择"。近年来，经济全球化遭遇逆流，国际经济循环格局发生深度调整。疫情冲击之下全球产业链供应链发生局部断裂，直接影响到我国国内经济循环。国内生产要素相对优势出现了变化，劳动力成本上升，资源环境承载能力达到了瓶颈，科学技术的重要性凸显。面对经济发展新形势，必须加快构建新发展格局，以在各种机遇和挑战中行稳致远。这是把握未来发展主动权的战略性布局和先手棋，是新发展阶段要着力推动完成的重大历史任务，也是贯彻新发展理念的重大举措。我国作为人口众多和超大市场规模的社会主义国家，必须要立足自身，以国内大循环为主体，建设全国统一的大市场，畅通全国大循环。通过强大的国内经济循环体系和稳固的基本盘，实行高水平的对外开放，从而进一步推动国内产业转型升级，增强我国在全球产业链供应链创新链中的影响力。

四、推动高质量发展

改革开放以来，国家经济实力大幅跃升。同时，由于一些地方和部门存在片面追求速度规模、发展方式粗放等问题，加上国际金融危机后世界经济持续低迷影响，经济结构性体制性矛盾不断积累，发展不平衡、不协调、不可持续问题十分突出。党中央提出，我国经济发展进入新常态，已由高速增长阶段转向高质量发展阶段，面临增长速度换挡期、结构调整阵痛期、前期刺激政策消化期"三期叠加"的复杂局面，传统发展模式难以为继。在工业方面，科技自立自强已然成为关键性要素，但仍然存在诸多"卡脖子"问题；能源体系高度依赖煤炭等化石能源，向绿色低碳转型的压力很大，实现2030年前碳排放达峰、2060年前碳中和的目标任务极其艰巨。这些困局都对"高质量发展"提出了时代要求：用"高质量发展"锚定目标，转变发展方式、优化经济结构、转换增长动力，坚持实施创新驱动发展战略，把科技自立自强作为国家发展的战略支撑；全面实施供给侧结构性改革，壮大实体经济，发展数字经济；完善宏观经济治

理，创新宏观调控思路和方式；实施区域协调发展战略，推动形成优势互补、高质量发展的区域经济布局。

放眼全球，第四次工业革命方兴未艾，世界各国正展开空前激烈的竞争，又普遍面临着社会矛盾加剧、国内治理难度增大的问题。在这种情况下，谁更善于解决国内治理问题，更能调动国内积极性，更能集中力量实施国家战略，谁就将更有力地抓住第四次工业革命的发展契机。可见，国际竞争的关键在于国内发展和治理。因此，中国要想抓住外部机遇，就要着力推进国家治理体系和治理能力现代化，抓好经济建设这个中心，立足新发展阶段，贯彻新发展理念，构建新发展格局，推动高质量发展，解决社会主要矛盾，实现平衡而充分的发展，以中国式现代化推进中华民族伟大复兴。

加强社会主义意识形态的文化建设
铸牢中华民族共同体意识

新闻传播学院　赵晓营

建设具有强大凝聚力和引领力的社会主义意识形态是党的重要战略任务，关涉中国特色社会主义事业的稳步推进。党的十九届六中全会决议在"开创中国特色社会主义新时代"的历史性成就总结中，重点阐释了"为国家立心、为民族立魂"的意识形态工作之于文化建设的关键作用，以及两者助力"两个巩固"的重要价值。这深刻阐发了新时代社会主义意识形态的文化建设与铸牢中华民族共同体意识在理论与实践上的双向契合，强调了加强社会主义意识形态的文化建设，铸牢中华民族共同体意识的现实重要性。

一、社会主义意识形态的文化指向

中国特色社会主义意识形态是以马克思主义为指导、根植于中华民族文化底蕴、反映中国特色社会主义建设的思想观念体系。正确识解中国特色社会主义意识形态的文化指向，是进行社会主义意识形态文化建设的基础和前提。

其一，中国特色社会主义意识形态的文化意蕴，涵括中华优秀传统文化的谱系传承、革命文化的目标激励，以及社会主义先进文化的价值浸润。这不仅指涉意识形态的文化性对民族群体归属意识的价值凝聚，而且指涉其建设的结果对共同体团结的影响。

其二，中国特色社会主义意识形态的文化生产，不仅内隐于中国特色社会主义文化的价值观念中，而且以非制度化的规范外显为民族成员的行为准则。同时，意识形态文化生产的价值基础关涉某种效用关系：意识形态的文化建构性——共同体意识的建构，文化的意识形态建构性——文化生产对意识形态的需求。

其三，中国特色社会主义意识形态建设的文化功能指向国家形象内部建构的"文化凝聚力"与对外传播的"文化软实力"，也即国际传播中的"展示真实立体全面的中国，努力塑造可信可爱可敬的中国形象"目标。通过对中国特色社会主义理论体系、道路、制度、文化的宣传和阐释，使人民更加全面系统了解中国特色社会主义、坚定"四个自信"，让世界正确认识和解读中国、积极营造良好的国际舆论环境。

二、意识形态文化建设的共同体指向

意识形态文化建设内蕴共同体指向，彰显特定文化价值体系内括的民族价值体认和价值追求，这体现了意识形态文化建设与共同体内涵的内在关联。

其一，中国特色社会主义意识形态的文化内容建设，关注文化软实力和国际话语权的互构。文化软实力是综合国力的重要组成部分，文化软实力的提升是价值表达力、目标推进力、对外影响力的综合结果，它以民族精神的集中体现，投射意识形态的文化内容建设的共同体指向。在实践中，这指向了立足中华民族历史文化遗产，扎根中华民族不断生成的文化实践，奔赴中华民族孜孜探索的文化前景，打造具有中国特色的概念、范畴、表述，以中国话语体系的创新提升国际话语权。

其二，中国特色社会主义意识形态的文化自信建设，折射意识形态自信与文化建设的互促。文化自信包括了文化创造主体、文化内容、文化路径为一体的文化自信体系，作用于经济基础的夯实和政治效能的提升，集聚共同体团结的深层动力。这指向了在对中华文化理想、价值、创造力的确信中，细化意识形态的建设标的，固基铸牢共同体意识的精神动力。

其三，中国特色社会主义意识形态的文化认同建设，折射意识形态凝聚力与文化建设的互嵌。在对中华民族同根同源的历史文化生成、多元共存的文化交往格局的强调中，以意识形态贯通民族成员身份归属的文化认同。这指向了以社会主义核心价值观涵濡主流意识形态的话语阐释力、切入共同体政治建设、切实推进马克思主义中国化，带动制度创新、进行利益调适、强化身份归属、实行物质转换，凝结起全体中国人民共同的价值追求，助力中华民族伟大复兴。

三、意识形态文化建设与铸牢共同体意识的实践链接

社会主义意识形态文化建设与铸牢中华民族共同体意识既是理论问题，又是实践问题。尤其是在以逆全球化形势表现出来的新全球化时代，国家发展中的文化课题、国力竞争中的文化力量、国际关系作用体系中的文化因素等问题的凸显，将意识形态文化建设与铸牢共同体意识紧密地联系在一起，置于国家综合实力外显的考量中。意识形态的文化建设与铸牢共同体意识的实践链接，延展于意识形态的文化塑造和共同体意识的意识形态建构。就此而言，以中国特色社会主义意识形态的文化建设铸牢中华民族共同体意识，集成了意识形态的文化塑造功能和共同体意识的意识形态建构功能，内蕴社会主义意识形态之于全体人民理想信念、价值理念、道德观念的团结一致，以及中国精神和中国力量构筑的现实指向。

首先，新时代意识形态的文化建设，以"中华民族共有精神家园"的文化共享铸牢共同体意识——培育中华文化认同。在实践中，这需深深扎根中华文化，挖掘中华民族精神标识和知识根脉，发挥民族文化激发民族成员认同内化的现实作用；还须紧紧扎根中国特色社会主义社会的伟大实践，关切民族成员多元日常生活实践中的知识原型，借助党报党刊、平台媒体以及自媒体将反映中华文化和价值的故事传播出去，在中国故事和中国声音的跨文化传播中，提升国家文化软实力和社会主义意识形态话语权。

其次，新时代意识形态的文化建设，以"中华民族大家庭"的情感共识铸牢共同体意识——强化中华民族和伟大祖国认同。在实践中，其关键在于培育积极向上、理性平和、自尊自信的社会心态，在把握共同体心理状况和特征的基础上细化民族成员的情感倾向，强调一定的情境规范在塑造情感秩序中的运用。关照个体成员和社会群体的情

感实践，关注群体凝聚情感共振的唤起与正向社会心态的引导。

最后，新时代意识形态的文化建设，以"中华民族伟大复兴"的理性自觉铸牢共同体意识——固基中国共产党和中国特色社会主义认同。在实践中，我们要锚定实现中华民族伟大复兴这一伟大民族梦想，不断推进民族团结进步创建工作：将共同建设中华民族的"共建"融入创建工作的核心主题，将共享中华文化和发展成果的"共享"渗入创建工作的实体化过程，将共同发展中华民族的"共担"链接创建工作的大众化形式，将"你中有我、我中有你"的"认同"嵌入创建工作的人文化机制，立足情感切入的感染力，着力于利益表达的作用链，着眼于中国特色处理民族关系的制度化表意，着重于价值诠释的解释框架，在五个认同的系统结构中全面推动民族团结进步创建工作，助力实现中华民族伟大复兴。

心怀"国之大者" 知之愈明，则行之愈笃

社会学与人类学学院 吴祖瑶

2020 年 4 月 20 月至 23 月，习近平总书记在陕西考察时强调："要自觉讲政治，对国之大者要心中有数，关注党中央在关心什么、强调什么，深刻领会什么是党和国家最重要的利益、什么是最需要坚定维护的立场，切实把增强'四个意识'、坚定'四个自信'、做到'两个维护'落到行动上，不能只停留在口号上。"

"国之大者"是事关人民幸福安康、事关中华民族伟大复兴、事关党和国家前途命运、事关社会长治久安的大事要事，关乎全局、关乎长远、关乎根本。

"国之大者"在于固本。中国共产党立志于中华民族千秋伟业，百年恰是风华正茂。过去一百年，党向人民、向历史交出了一份优异的答卷。现在，党团结带领中国人民又踏上了实现第二个百年奋斗目标新的赶考之路。我们站在两个一百年的历史交汇点，面临着百年未有之大变局，无论我们走得多远，都不能忘记来时的路，对国家根本性、基础性事务的长期关注与重视，让人民生活幸福是"国之大者"。

"国之大者"在于践行。"国之大者"关乎国之兴衰，关乎国计民生，却也体现在一个个具体的家庭和个体中，蕴含在一项项现实而细微的需求里：从维护好卡车司机、快递小哥、外卖骑手等的合法权益，到"房子是用来住的、不是用来炒的""深化医疗保障制度改革"等一系列民生措施。心怀"国之大者"，要脚踩在大地上，置身于群众中。

"国之大者"在于居安思危。从精准扶贫到脱贫攻坚，从民生改革到全面小康，再到如今的乡村振兴和疫情的动态清零。正如习近平总书记视察广西时强调，"全面推进乡村振兴的深度、广度、难度都不亚于脱贫攻坚，决不能有任何喘口气、歇歇脚的想法，要在新起点上接续奋斗，推动全体人民共同富裕取得更为明显的实质性进展"。站在前人的肩膀上，看见多远的过去，才能预见多远的未来。只有居安思危，站在新起点上继续奋斗，要看得比前人更高更远，思考得更深，走得更稳，才能在新时代新征程上赢得更加伟大的胜利和荣光。

"知之愈明，则行之愈笃。"在当前和今后一个时期，中国的发展仍然处于重要战略机遇期，机遇和挑战之大都前所未有，只有全党上下对"国之大者"心中有数，方能在行动上同频共振，以一以贯之的炽热初心阔步向前，引领全国各族人民凝聚成巨大发展合力，为实现第二个百年奋斗目标、实现中华民族伟大复兴的中国梦而不懈奋斗。

心怀"国之大者"，需要不断提高把握新发展阶段、贯彻新发展理念、构建新发展格局的政治能力、战略眼光、专业水平，更要敢于担当、善于作为，以过硬本领展现新作为，从而更好肩负起新时代的职责和使命。这不仅仅是对广大干部的要求，也是对接

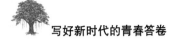

受高等教育的学生、对祖国的未来、对新时代的答卷人的要求。

正如 2021 年 4 月 19 日习近平总书记在清华大学考察时强调："百年大计，教育为本。今年是中国共产党成立 100 周年，我国开启了全面建设社会主义现代化国家新征程。党和国家事业发展对高等教育的需要，对科学知识和优秀人才的需要，比以往任何时候都更为迫切。我们要建设的世界一流大学是中国特色社会主义的一流大学，我国社会主义教育就是要培养德智体美劳全面发展的社会主义建设者和接班人。我国高等教育要立足中华民族伟大复兴战略全局和世界百年未有之大变局，心怀'国之大者'，把握大势，敢于担当，善于作为，为服务国家富强、民族复兴、人民幸福贡献力量。"

作为"双一流"大学的学生，我们更应该深入学习习近平新时代中国特色社会主义思想，深入学习习近平总书记系列重要讲话、重要指示批示精神，深入学习党的历史、党的理论路线方针政策。加强理论学习，就是要理解党中央在关心什么、强调什么，就是要我们深刻理解"国之大者"是什么，结合实际更好地贯彻落实。作为时代的答卷人，我们更应该要继承和发扬老一辈科学家胸怀祖国、服务人民的优秀品质，心怀"国之大者"，为国分忧、为国解难、为国尽责，做切合时代需要、满足国家和人民需要的研究，做祖国和人民需要的人才。我们的学，最终是为了行。

作为中山大学的学生，正如李克强总理于 2021 年 10 月 15 日在中山大学考察时对同学们所说的"中山大学是南天一柱！你们应该不愧这'南天一柱'的称号！因为'南天一柱'不只是指学校，也不仅仅依靠那些名师大家，还要看我们这里出来的学生。看他们能不能把这一根柱子垒起来、立起来。让它经风历雨、屹立不倒"。中大学子也应牢记孙中山先生"要立志做大事，不要做大官"的寄语。中山大学背靠粤港澳大湾区、背靠祖国，中大学子也应该不辜负湾区、不辜负祖国和人民、不辜负这个美好时代。

作为社会学与人类学学院的学生，虽然我们的征途不在于科技前沿，但我们的田野存在于祖国广阔的社会天地中。我们可以，并已经在乡村振兴、在社会治理、在养老服务、在健康生活、在基础教育等多个重点的民生领域发挥自己的力量。把握好这一历史性机遇，做扎根在祖国大地上的研究，做写进群众心坎里的学问。我们必须要跟进中央的步伐，做迈向人民的社会学与人类学研究，将所学用之于民，造福于民，做有利于改善民生的研究。

心怀"国之大者"，只有知之愈明，才能行之愈笃。深思笃行，履职尽责，勇于创新，不懈跋涉。我们都应该心怀"国之大者"，自觉担负起属于我们每个人的时代使命，为实现中华民族伟大复兴的中国梦而拼搏奋斗。

冰雪襟怀映照人类命运　冬奥盛会展现大国风采

马克思主义学院　努尔覃·努尔拉

让爱与和平代替战争暴力，让奥运精神代替政治分歧，让互鉴交融代替文化霸权。2022 年 2 月 4 日晚，举世瞩目的北京第二十四届冬季奥林匹克运动会开幕式在国家体育场隆重举行。国家主席习近平出席开幕式并宣布本届冬奥会开幕。时隔 14 年，奥林匹克圣火再次在北京点燃，北京冬奥会成了全世界人民共同关注和期待的话题。疫情肆虐，时局动荡，中国仍信守承诺，如期为世界呈现了一场精彩纷呈、震撼人心的冬奥盛会，具有深远而重大的现实意义。

一、北京冬奥会书写人类命运共同体的全新篇章

北京冬奥会高扬国际和平合作的团结旗帜，向世界传递了和平理念。当今世界正在经历百年未有之大变局，当前的国际格局和国际体系正在发生急剧变化，全球治理体系正在发生深刻变革，世界范围呈现出影响人类历史进程和趋向的重大态势。在全球新冠肺炎疫情肆虐、全球经济低迷的态势下，北京冬奥会作为新冠肺炎疫情暴发两年以来首次按期举办的重大盛会，高扬国际和平合作的团结旗帜，点燃了疫情寒冬下的第一把火，为世界各国人民注入了全新的精神力量，使人们深刻领会人类命运共同体的现实意义。

志之所趋，无远弗届，穷山距海，不能限也。北京冬奥会是一场和平友谊的盛会、一场团结合作的盛会、一场鼓舞世界的盛会。所有的爱都因北京冬奥会而相聚。不同国家、不同民族、不同肤色的人们聚集在一起，大家一起同台竞技，一同分享胜利的喜悦，一同延续奥运精神。正如习近平总书记所说："奥林匹克运动倡导的'更团结'正是当今时代最需要的。世界各国与其在 190 多条小船上，不如同在一条大船上，共同拥有更美好未来，所以我们提出了'一起向未来'的北京冬奥会口号。中方将为奥林匹克运动和推动构建人类命运共同体作出新的更大贡献。"

北京冬奥会书写了人类命运共同体的全新篇章，弘扬了全人类的共同价值。习近平总书记在欢迎出席北京 2022 年冬奥会开幕式的国际贵宾的宴会中强调："奥林匹克运动承载着人类对和平、团结与进步的美好追求。我们应该牢记奥林匹克运动初心，共同维护世界和平，坚持相互尊重、平等相待，共同建设一个持久和平的世界。"走和平发展道路，是中国人民对实现自身发展目标的自信与自觉，是中华民族最深沉的精神追求，是世界各民族共建人类命运共同体的根本遵循，是不断促进全球发展的关键凝聚力。回首过去，局部战争此起彼伏，国际局势动荡不安。立足现在，霸权冲突仍然存在，社会仍有风云涌动。在全球分化如此严重的局势下，奥林匹克精神与人类命运共同体理念交

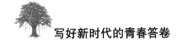

相辉映，以"一起向未来"的主题口号，向世界传递共同发展、和平相处的时代之音。

二、北京冬奥会展现中华优秀文化的壮丽画卷

北京冬奥会充分彰显了文化自信，向世界传播了中国声音。北京冬奥会将中华优秀传统元素与奥林匹克文化完美融合，通过"润物细无声"的方式向世界传播中国声音，向世界展示文化自信。时代在不断变化，奥运会不再只是体育赛事的运动盛宴，而是展示世界各国精湛文化的全新舞台。在这场奥运圣火的传递下，国与国之间通过文化的碰撞与交流，不断加深彼此的情谊。

不忘历史才能开辟未来，善于继承才能善于创新。中华优秀传统文化作为民族之根，要随着时代发展不断实现创新性传承。北京冬奥会充分挖掘中华优秀文化，将传统与现实紧密结合，向世人呈现了一场全新的文化盛宴。从冬奥会会徽的设计到休战壁画的亮相，中华元素无处不在。在冬奥会会徽中，其设计运用中国书法的艺术形态将深厚的文化底蕴与现代的艺术风格融为一体，以全新的方式呈现"中国梦"；在休战壁画的设计中，灯笼作为经典的中华文化符号，镌刻着冬奥标志与"一起向未来"的口号成为壁画的主体造型。凡此种种，都是中华文化历久弥新的传承，是勇于超越的信念，是日益繁荣昌盛的中国走向世界的最好注解。

来时迎客松，走时送别柳。正如张艺谋所说："冬奥会闭幕，奥运之火其实没有熄灭，因为更多火种已化作雪花，伴风入夜，飘散到每个人的心里。"北京冬奥会是一届克服千难万阻成功举办的光辉盛会，是一届扣人心弦的重大赛事，更是一次爱与和平的完美治愈。国有界而心无边。让和平的薪火代代相传，让发展的动力源源不断，让文明的光芒熠熠生辉，是各国人民的期待。北京冬奥会将人们追求团结、友谊与和平的真诚心愿汇聚在一起，将冰雪健儿的完美瞬间定格在赛场之上，将各国人民的殷切情谊传洒向大美人间。

冰雪襟怀映照人类命运，冬奥盛会展现大国风采。中华文明与奥林匹克运动再度携手，一同奏响全人类团结、和平、友谊的激昂乐章。北京冬奥会已落下帷幕，它不仅为寒冬下的人民带来了希望，让世界再次领略中国智慧、中国力量，更为时代留下了最为宝贵的一笔精神财富。伟大的事业孕育伟大的精神，伟大的精神推进伟大的事业。站在新的历史起点上，我们要大力弘扬北京冬奥精神，坚定走好中国道路，为实现中华民族伟大复兴的中国梦而团结奋斗！

走好新时代赶考路必须坚持人民至上

马克思主义学院　　黄希敏

党的十九届六中全会通过的《中共中央关于党的百年奋斗重大成就和历史经验的决议》总结了中国共产党百年奋斗的历史经验，即"十个坚持"。其中，第二条经验"坚持人民至上"深刻地揭示了党所取得的一切成就皆离不开人民的道理。"人民"一词更是在"决议"中被提及多达 250 次，足以见我们党在总结经验的过程中对人民的重视。实心诚意地服务人民、紧紧地依靠人民，是我们党阅尽千帆发展壮大的不竭动力，也是我们党翻越万山勇往直前的力量源泉。

一、坚持人民至上是党百年奋斗的历史逻辑

追溯中国特色社会主义新时代时期之前的历史，"人民"的概念都蕴含着中国共产党人对这一时期主要任务的认识，而我们党在完成主要任务的过程中始终坚持人民至上。

新民主主义革命时期，一切被"三座大山"压迫、剥削的群体和阶层，都属于人民的范畴。我们党以推翻帝国主义、封建主义、官僚资本主义"三座大山"为主要任务。面对国内外严峻的形势，中国共产党在国家危急存亡的关头主动担当大任，为实现民族独立、人民解放进行艰苦探索，作出巨大牺牲。我们党经过二十八年的浴血奋战，夺取了新民主主义革命的胜利和建立了中华人民共和国，彻底结束了旧中国半殖民地半封建社会的历史，彻底结束了极少数剥削者统治广大劳动人民的历史，中国人民站起来了。

社会主义革命和建设时期，一切赞成、拥护和参加社会主义建设事业的阶级、阶层和社会集团，都属于人民的范围。我们党以满足人民经济文化发展需要和集中力量发展社会生产力为主要任务。面对帝国主义的经济封锁，面对"一穷二白"的国内情况，我们党领导人民开展全面的大规模的社会主义建设，实行多个"五年计划"，建立起独立的比较完整的工业体系和国民经济体系，改变农业生产条件，让与人民生活息息相关的教育、科学、文化、卫生、体育事业有很大发展。这一时期，中国共产党为在新的历史时期开创中国特色社会主义提供了宝贵经验、理论准备、物质基础，在一定程度上改善了人民群众的生活水平。

改革开放和社会主义现代化建设时期，邓小平在人民的"社会主义标准"之外增加了"爱国主义标准"，拓宽了"人民"的内涵和外延。我们党以帮助人民摆脱贫困、逐步实现共同富裕为主要任务。面对党和国家何去何从的重大历史关头，中国共产党召开十一届三中全会，实现党和国家工作中心战略转移。党创造和发展了人民主体思想，

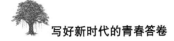

发扬社会主义民主，调动广大人民的积极性；完善收入分配制度，保障民生；坚持以人为本的科学发展观。这一时期，实现了人民生活从温饱不足到总体小康，再到奔向全面小康的历史性跨越，推进了中华民族从站起来到富起来的伟大飞跃。

二、坚持人民至上是马克思主义执政党的理论逻辑

中国共产党是马克思主义执政党，人民性是马克思主义最鲜明的品格，党始终要保持马克思主义政党的鲜明本色。坚持人民至上说明中国共产党是"整体利益党"而不是"部分利益党"，这使得其既区别于中国革命时期代表大地主大资产阶级利益的国民党，又区别于代表资产阶级精英利益的外国政党。

党的性质宗旨是党坚持人民至上的要求。中国共产党是中国工人阶级的先锋队，同时是中国人民和中华民族的先锋队。党的宗旨是全心全意为人民服务。党的性质和宗旨决定了党做出的任何决定皆以人民至上为标准，皆站在人民立场上。党代表中国最广大人民根本利益，没有任何自己特殊的利益，从来不代表任何利益集团、任何权势团体、任何特权阶层的利益，这是党立于不败之地的根本所在。

党的初心使命是党坚持人民至上的动力。中国共产党人的初心和使命，就是为中国人民谋幸福，为中华民族谋复兴。不断增进人民福祉、实现人民幸福，是党的初心使命的集中体现与现实反映。中国共产党能够从一个弱小的政党发展壮大，能够经受百年狂风暴雨的洗礼，能够在攻坚克难中将顺境转化为逆境，是因为党始终把为人民谋幸福作为根本使命，始终保持同人民群众的血肉联系。人民是我们党执政的最大底气，党在实践中锤炼党性，彰显的是中国共产党人渴望与人民同呼吸、共命运、心连心的初心与恒心。

党的指导思想是党坚持人民至上的指南。中国共产党以马克思列宁主义、毛泽东思想、邓小平理论、"三个代表"重要思想、科学发展观、习近平新时代中国特色社会主义思想作为自己的行动指南，这是新时代党的指导思想。我们党在确定指导思想的时候，必然是将人民摆在首位，万事从人民考虑。我们党清楚地知道一党的根基在人民、血脉在人民、力量在人民，人民是党执政兴国的最大底气。人民所需所在之处，便是党所要前进的方向。

三、坚持人民至上是党新时代夺取伟大胜利的实践逻辑

党的十八大以来，习近平总书记丰富并发展了新时代"人民"的内涵，把"拥护祖国统一的爱国者"变成"拥护祖国统一和致力于中华民族伟大复兴的爱国者"。这强调了我们党新时代实现中华民族伟大复兴这一主要任务的实践仍然与中国人民息息相关。

新时代党坚决保障人民的生命安全权和健康权。2020 年，面对突如其来的新冠疫情，党以坚定果敢的勇气和坚忍不拔的决心，同时间赛跑、与病魔较量，迅速打响疫情防控的人民战争、总体战、阻击战，用 1 个多月的时间初步遏制疫情蔓延势头，用 2 个月左右的时间将本土每日新增病例控制在个位数以内，用 3 个月左右的时间取得武汉保卫战、湖北保卫战的决定性成果，进而又接连打了几场局部地区聚集性疫情歼灭战，夺

取了全国抗疫斗争重大战略成果。在这场新时代与疫情搏斗的长期战役中，党始终坚持人民至上、生命至上，为人民安居乐业营造良好的环境。

新时代党坚决带领人民实现共同富裕。党的十八大以来，中国共产党带领人民在各项事业上取得重要成就。党中央把握发展阶段新变化，把逐步实现全体人民共同富裕摆在更加重要的位置上，推动区域协调发展，采取有力措施保障和改善民生，打赢脱贫攻坚战，全面建成小康社会，为促进共同富裕创造了良好条件。党坚持以人民为中心的发展思想，在高质量发展中促进共同富裕，正确处理效率和公平的关系，构建初次分配、再分配、三次分配协调配套的基础性制度安排，加大税收、社保、转移支付等调节力度并提高精准性，扩大中等收入群体比重，增加低收入群体收入，合理调节高收入，取缔非法收入。党在新时代不断促进社会公平正义，促进人的全面发展，使全体人民朝着共同富裕目标扎实迈进。

新时代党坚决保障人民当家作主。党的十八大以来，党积极发展全过程人民民主，健全全面、广泛、有机衔接的人民当家作主制度体系，构建多样、畅通、有序的民主渠道，丰富民主形式，从各层次各领域扩大人民有序政治参与，使各方面制度和国家治理更好体现人民意志、保障人民权益、激发人民创造；党坚持人民主体地位，保证人民依法实行民主选举、民主协商、民主决策、民主管理、民主监督；党坚持和完善人民代表大会制度，支持和保证人民通过人民代表大会行使国家权力；党坚持巩固基层政权，完善基层民主制度，完善办事公开制度，保障人民知情权、参与权、表达权、监督权。

新时代党坚决保障人民的一切利益。党的十八大以来，在经济建设方面，党坚持精准扶贫，组织实施人类历史上规模最大、力度最强的脱贫攻坚战，历史性地解决了绝对贫困问题；在政治建设方面，党不断扩大人民民主，健全民主制度，丰富民主形式，拓宽民主渠道；在文化建设方面，党推进文化事业和文化产业全面发展，繁荣文艺创作，完善公共文化服务体系，充实人民的精神生活；在社会建设方面，党在收入分配、就业、教育、社会保障、医疗卫生、住房保障等方面推出一系列重大举措，注重加强民生建设；在生态建设方面，党中央以前所未有的力度抓生态文明建设，美丽中国建设迈出重大步伐，为人民营造宜居舒适的生活环境。

坚持人民民主专政，不断发展全过程人民民主

——"两个大局"交汇背景下的必然要求

法学院　郑凌康　谢坤怡

人民民主专政是基于马克思列宁主义的无产阶级专政理论结合中国具体国情提出的、适合中国国情和革命需要的政权形式。无论是在革命时期还是在社会主义建设、发展时期，乃至如今中国特色社会主义进入新时代、步入新征程，人民民主专政都始终是中国共产党坚持的基本原则。从理论和实践出发，在当今"两个大局"——世界百年未有之大变局和中华民族伟大复兴战略全局交汇的背景下，必须坚持人民民主专政，坚持党的领导，发展全过程人民民主。

一、坚持人民民主专政是马克思主义中国化的伟大成果

马克思主义国家观认为，国家是阶级矛盾的产物，是一种历史形态；同时，国家是阶级统治的工具，代表的是统治阶级的意志，而暴力机关则是其基本工具。因此只要阶级存在，就必然出现阶级的矛盾与对立；一旦出现阶级的矛盾与对立，国家就必然存在；而国家的存在，就必然意味着某一个阶级的专政。

在此国家观的基础上，马克思主义学者进一步提出了"无产阶级专政"理论。马克思于1852年写给约·魏德迈的信中指出："阶级的存在仅仅同生产发展的一定历史阶段相联系，阶级斗争必然导致无产阶级专政；但这个专政不过是达到消灭一切阶级和进入无阶级社会的过渡。"

作为马克思主义中国化的伟大成果，毛泽东同志在《论人民民主专政》一文中指出："中国人民在几十年中积累起来的一切经验，都叫我们实行人民民主专政……就是剥夺反动派的发言权，只让人民有发言权。……对人民内部的民主方面和对反动派的专政方面，互相结合起来，就是人民民主专政。"[①]

人民民主与专政两者是辩证统一的，既无法脱离民主谈专政，也无法脱离专政谈民主。具体而言，对人民民主是对敌人专政的前提，只有通过民主确保人民当家作主的基本权利，并通过民主正确反映人民群众的利益诉求，国家才能有效地、合理地使用其对敌人专政的权力；对敌人专政则是对人民民主的保障。人民民主专政不仅是为了守护无产阶级革命的果实，更是为了保障社会主义国家能够稳定地发展。

---

① 毛泽东：《论人民民主专政》，《毛泽东选集》第四卷，人民出版社1991年版，第1475页。

二、坚持人民民主专政是发展新时代中国特色社会主义的必然要求

新时代，党和国家面临"两个大局"交汇的新形势：从国内看，我们正面临全面深化改革的重要节点，主旋律将逐步从"重发展"进入到"重分配"，如何在全社会凝聚改革共识、有效治理各社会群体，进而推动改革落地事关重要；从国际看，我们正面临中华民族伟大复兴的重要节点，如何打破西方主导的国际体系对中国的遏制，打造一个互利共赢的人类命运共同体同样重要。

与此同时，"我们在工作中遇到的斗争是多方面的"[①]：在政治上，我们既要在深化改革的过程与藏匿在党和政府中的腐化分子作斗争、与社会各界存在的有损人民群众利益的利益集团作斗争，还要在实现中华民族伟大复兴的过程中与国际上不满中国崛起、忽视乃至侵占中国人民利益的霸权主义、强权政治作斗争；在经济上，我们要与不利于经济发展的经济结构作斗争，要与阻碍生产力发展的自然、人为条件作斗争，还要与危害到人民群众财产安全的新型金融隐患、经济犯罪、经济垄断作斗争；在理论上，我们要坚持马克思列宁主义、毛泽东思想、邓小平理论等重要思想在意识形态的指导地位，与一切试图抹黑、滥用、颠覆抑或庸俗化、片面化这些指导思想的行为和行为体作斗争。

这一系列不同层次、不同领域的使命任务紧密相关且事关中国特色社会主义生存和发展、事关党和人民存亡，面对这一态势，只有坚持人民民主专政，党和国家才能在民主过程中充分汲取人民的智慧，确保党和国家的政策方针更好地反映人民群众的意愿；才能在专政的过程中，遏制国内外反动势力的串联，阻止反动势力对中国革命的反扑。

可以说，坚持人民民主专政始终是新时代中国特色社会主义事业生存和发展强有力的保障，"如果人民民主专政软弱无力，国家安全、政治稳定和社会治安得不到保证，就会断送我们的社会主义事业"[②]。

三、坚持人民民主专政必须坚持党的领导

坚持人民民主专政，从方法论上最关键在于坚持党的领导，这既是马克思主义理论的要求，也为中国的革命经验和社会主义建设的实践所证明。

马克思主义指出，无产阶级的一大特点便在于它具有最先进的组织方式，以及基于这一组织方式之上所成立的共产党，无产阶级的统治和运作必须依赖于党，这一方面是基于无产阶级特殊的历史背景，无产阶级作为被剥削最严重的阶级，往往不具备"自觉性"，即列宁所说的"工人本来也不可能有社会民主主义的意识。这种意识只能从外面灌输进去"[③]；另一方面乃是基于无产阶级的广泛性，无产阶级涵盖绝大多数人民群

---

① 《习近平在中央党校（国家行政学院）中青年干部培训班开班式上发表重要讲话》，中国政府网，2019 年 9 月 30 日，http://www.gov.cn/xinwen/2019 – 09/03/content_ 5426920. htm。

② 中央财经领导小组办公室：《邓小平经济理论学习纲要》，人民出版社 1997 年版，第 135 页。

③ ［苏］列宁：《怎么办?》，中共中央马克思恩格斯列宁斯大林著作编译局译，人民出版社 2018 年版，第 31 页。

众，倘若不通过武装了先进理念的先进政党加以领导，则难以形成强有力的革命力量。因此，"无产阶级专政的核心问题是无产阶级通过它的先进组织——共产党，掌握国家政权"①。

邓小平同志在论述坚持四项基本原则时指出："四个坚持集中表现在党的领导。"②只有通过党的领导，社会主义民主才能有效发展，对反动力量的专政才能有效开展。在过去的一百年中，中国共产党作为中国人民的先锋队，中国特色社会主义的领导核心，领导中国人民通过史诗般的接续奋斗，不仅打破了旧世界的枷锁，最终建设了一个全新的中国，还令近代以来久经磨难的中华民族实现了从站起来、富起来到强起来的伟大飞跃。只有依靠遍布各行各业的基层组织和党员，通过中国共产党先进的组织能力和动员能力，才能广泛动员、领导和组织人民掌握好国家权力，才能充分发挥中国特色社会主义民主优势，最大限度地凝聚全社会的共识和力量，管理好国家社会事务和各项事业。

四、坚持人民民主专政在于发展全过程人民民主

习近平总书记指出，"保证和支持人民当家作主不是一句口号、不是一句空话，必须落实到国家政治生活和社会生活之中"。发展社会主义民主政治，实现人民民主专政，就必须保证人民进行广泛政治参与、充分表达政治意愿。把民主的原则和精神贯穿到国家政治生活、社会生活的多个过程、相关领域、各个方面，这就是我国的全过程人民民主。

全过程人民民主要体现民主的真实性与普遍性。中国共产党代表的是中国最广大的人民群众的根本利益，不代表任何利益集团、任何权势团体、任何特权阶层的利益，九千多万名党员来自人民群众也根植于人民群众，在根本利益一致的前提下，强调共治共建共享。相较之下，西式民主强调选举竞争与政党轮换，但其本质上只是由少数资本主义财阀操纵的政治作秀，其选举过程是多个利益集团之间的零和博弈，选举结果只能代表部分群体的利益，弱势群体和边缘群体的利益往往遭到忽视，其最终结果必然是造成社会撕裂与政治极化。

全过程人民民主要体现民主的完整性与实效性。我国的社会主义民主政治既保证人民依法实行民主选举，通过民主协商参与国家治理和社会治理，也保证人民依法实行民主决策、民主管理、民主监督，上述各个环节相互延续，互为补充，充分践行人民至上理念，确保了人民的主体地位，确保人民有序进行政治参与，在民主实践中保障了人民的正当权益。相较之下，以选举竞争为核心的西式民主，"人民只有投票的权利而没有广泛参与的权利，人民只有在投票时被唤醒、投票后就进入休眠期，这样的民主是形式主义的"③，并不能真正代表广泛人民群众的利益。

可以说，全过程人民民主是中国特色社会主义坚持人民民主专政的最新方法论成

---

① 王伟光：《坚持人民民主专政，并不输理》，载《红旗文稿》2014 年第 18 期，第 7 页。
② 中共中央文献研究室：《改革开放三十年研究文集》，中央文献出版社 2009 年版，第 118 页。
③ 《习近平：在中央人大工作会议上的讲话》，中国政府网，2021 年 10 月 13 日，http://www.gov.cn/xinwen/2022－02/28/content_ 5676076. htm。

果，也是社会主义民主政治实践的深刻总结。新时代背景下，面对全新的历史征程，中国特色社会主义事业面临的挑战有增无减，甚至日益复杂。在此情势之下，唯有坚持人民民主专政，发展社会主义民主、全过程人民民主，中国特色社会主义才得以生存和发展，中华民族伟大复兴才得以实现。

坚持党的全面领导，推进中华民族伟大复兴

马克思主义学院　　张馨萌

中国共产党走过百年光辉历程，始终不改初心和使命。为中国人民谋幸福、为中华民族谋复兴，是中国共产党自成立以来不变的初心使命。党始终坚持共产主义理想和社会主义信念，团结带领全国各族人民为争取民族独立、人民解放和实现国家富强、人民幸福而不懈奋斗。在中国共产党的领导下，中华民族在实现伟大复兴的历史进程中实现了四次历史性的飞跃：一是新民主主义革命时期，党带领中国人民从封建专制走向人民民主。二是社会主义革命和建设时期，党带领贫穷落后的中国走向社会主义社会。三是改革开放和社会主义现代化建设时期，党带领中华民族实现从站起来到富起来的伟大飞跃。四是中国特色社会主义进入新时代，党带领中华民族实现从站起来、富起来到强起来的伟大飞跃。

党的十八大以来，中国特色社会主义进入新时代。中国共产党面临的主要任务是，实现第一个百年奋斗目标，开启实现第二个百年奋斗目标新征程，朝着实现中华民族伟大复兴的宏伟目标继续前进。中国共产党团结带领人民，坚持和加强党的全面领导，坚持和完善中国特色社会主义制度、推进国家治理体系和治理能力现代化，为实现中华民族伟大复兴提供了更加完善的制度保证。中国共产党团结带领人民，统筹推进"五位一体"总体布局、协调推进"四个全面"战略布局，取得了彪炳史册的建设成就，为实现中华民族复兴构筑了更为坚实的物质基础。中国共产党团结带领人民战胜一系列重大风险挑战，顺利实现第一个百年奋斗目标，明确实现第二个百年奋斗目标的战略安排，党和国家事业取得历史性成就、发生历史性变革，为实现中华民族复兴赋予了更为主动的精神力量。党的十八大以来，以习近平同志为核心的党中央领导全党全军全国各族人民砥砺前行，全面建成小康社会目标如期实现，党和国家事业取得历史性成就、发生历史性变革，彰显了中国特色社会主义的强大生机活力，党心军心民心空前凝聚振奋，为实现中华民族伟大复兴提供了更为完善的制度保证、更为坚实的物质基础、更为主动的精神力量。

回顾中国共产党走过的百年历史，我们更加坚信党的全面领导是实现中华民族伟大复兴的根本保证。党的领导为实现中华民族伟大复兴的历史伟业提供了方向、道路、力量和理论指南。

党的领导为中华民族伟大复兴提供了方向指引。党的十九大为全面建成社会主义现代化强国分"两步走"的战略目标，为全党和全国各族人民实现中华民族伟大复兴的中国梦指明了前进的方向。如今我们正处在"两个一百年"奋斗目标的交汇点，在全面建成小康社会、实现第一个百年奋斗目标的基础上，我们要乘势而上开启全面建设社

会主义现代化国家的新征程，向第二个百年目标奋进。党的十九届五中全会通过的《中共中央关于制定国民经济和社会发展第十四个五年规划和二〇三五年远景目标的建议》，详细描绘了 2035 年基本实现社会主义现代化的远景目标。新时代我们党提出的战略安排、第十四个五年规划和 2035 年远景目标，为实现中华民族伟大复兴制定了蓝图和计划，并指明了前进方向。

党领导和开创的中国特色社会主义道路是实现中华民族伟大复兴的必由之路。中国共产党将马克思主义基本原理同中国实际相结合，取得了革命、建设和改革的伟大胜利，从而开创了中国特色社会主义，从根本上改变了中华民族的前途和命运。中国特色社会主义的最本质特征是坚持中国共产党的领导，中国特色社会主义最大的制度优势是中国共产党的领导。中国共产党开辟的中国特色社会主义道路为实现中华民族伟大复兴提供了制度保障，中国特色社会主义文化为实现中华民族伟大复兴提供了强大的精神动力。坚持走中国特色社会主义道路，是实现中华民族国家富强、民族振兴、人民幸福的必由之路。

党的领导为实现中华民族伟大复兴提供了源源不断的力量支持，这个力量来自人民群众。人民群众是历史的创造者，是实现社会变革的决定力量。为实现中华民族伟大复兴，就必须广泛动员人民群众参与其中。中国共产党始终坚持群众路线，做好群众工作是党的一项优良传统。中国共产党具有强大的组织动员能力，能够凝聚中国各族人民的强大力量，动员中国的无产阶级和各类先进分子投身于中华民族伟大复兴的历史伟业之中。在党的领导下，中国必能凝聚人心，为实现中华民族伟大复兴不断奋斗。

党的指导思想为实现中华民族伟大复兴提供了理论指南。中国共产党从诞生之日起，就一直致力于将马克思主义同中国实际相结合，不断形成的马克思主义中国化的理论成果，成为实现中华民族伟大复兴的行动指南。中国共产党的指导思想是马克思主义，坚持党的领导，就要坚持用马克思主义的立场、观点和方法分析和解决问题。马克思主义是认识世界、把握规律、追求真理和改造世界的强大思想武器，但不提供解决具体问题的答案。因此，我们在推进中华民族伟大复兴的历史过程中，既要坚持马克思主义理论的指导，又要防止将马克思主义教条化。我们要在党的领导下，坚持与时俱进，不断推进马克思主义与中国具体实际结合，用马克思主义中国化的理论成果指导中华民族伟大复兴的不断推进。

中国共产党自成立以来，就将实现中华民族伟大复兴作为自己的初心和使命。从新民主主义革命时期到中国特色社会主义进入新时代，党的领导始终是实现中华民族伟大复兴的根本保证。新时代，我们应该继续推进党的全面领导，向着第二个百年奋斗目标前进，不断推进中华民族伟大复兴的历史进程。

国内循环定基调，双轨循环开新局

岭南学院　张丹丹

当前中国经济发展进入新常态。立足新发展阶段，贯彻新发展理念，构建新发展格局是基于全面建成小康社会、脱贫攻坚走向纵深、乡村振兴如火如荼、国际市场大幅波动的基本事实。党中央所做的历史正确、局势正确、未来方向正确的事实判断是我们行稳致远的基本前提和必备条件，从而，站在加快构建国内大循环为主体、国内国际双循环相互促进的新经济格局基点，国家经济如何实现平稳增长成为必答之疑。

一、畅通国内大循环，促进国民经济良性循环

2021 年底召开的中央经济工作会议指出：要深化供给侧结构性改革，重在畅通国内大循环，重在突破供给约束堵点，提升国内市场供给链的韧性。加快推进全国统一大市场的建设，是培育形成强大国内市场的内在要求，是构建高水平社会主义市场经济体制的必然选择。政府相关部门继续深化"放管服"改革，简政放权纵向深入推进，加强对小微企业的资金支持，为市场主体提供有利的投资环境。重视科学研发，解决关键的技术问题。同时，聚焦打造市场主体的管理体系改革，充分发挥企业创新活力，引导企业加大研发领域的投资力度，鼓励健康有效的市场竞争；加大人力资本投资及教育事业的薪资酬劳，有效提高效率工人劳动生产率，有利于促进要素市场充分流动。

二、创新科技自立自强，驱动经济高质量发展

以习近平同志为核心的党中央多次强调，科技创新在解决芯片制造、自主研发、攻坚高精尖技术阻碍等领域发挥着核心力量。当前，我国科技领域关键核心技术依旧是我们最大的命门，国家与国家之间的竞争关键在"卡脖子"难题的解决。实现核心技术重大突破，促进社会生产力的高效转化，唯有坚定走自主创新之路，把国民经济的发展命脉牢牢掌握在自己手中。"欲流之远者，必浚其泉源。"打赢关键核心技术攻坚战，不仅为摆脱国外经济依赖、提升本国竞争力注入稳健动力，更是经济高质量发展的定心剂、强力针。中国率先在全球成功研发新冠疫苗，率先在全球进入二期临床试验，并加紧投入大规模使用，实践强有力地印证了加快建设科技强国对于更好驱动创新发展、更好满足人民美好需求、更好增进人类福祉的重大战略意义。

三、控制通货膨胀，维系国内稳定利率市场

受新冠肺炎疫情和俄乌危机所造成的国际局势动荡的影响，股票市场出现了一定的震荡，这更加显现出提振发展信心、稳定市场预期的重要性。回望历史，1998 年东南

亚金融危机、2008 年金融危机波及全球所造成的经济萧条，无不在给这个实行具有中国特色的社会主义经济制度的国家敲响警钟：稳字当头、稳中求进的工作基调不可丢。这个客观事实判断就警示我们，发挥好政府"看不见的手"的作用，保持政策预期的稳定性，助力宏观经济平稳运行：房地产市场"房住不炒"的政策关切人民牵挂；"猪周期"下猪肉价格的波动调整事关民生福祉。我们要更好地发挥有效市场和有为政府的作用，加快推进政府由管理型向服务型的职能转变，不断完善宏观经济治理体系，克服和弥补市场的不足和缺陷。共同富裕是社会主义的必然要求，当前经济运行的突出矛盾主要体现在区域发展协调及收入差距问题。稳定利率市场，使其持续健康运行，有利于为百姓创造一个更加普惠公平的社会环境。

四、加强国家互联互通，沟通国内国际双循环相互促进

在博鳌亚洲论坛上，习近平总书记发表主旨演讲时强调，世界各国乘坐在一条命运与共的大船上，要穿越惊涛骇浪、驶向光明未来，必须同舟共济。中国经济开放的大门越开越大，开放经济中的自由贸易以及资本有序平稳流动，是维持外汇市场稳定的关键举措。我们要以理性和客观的态度看待大国之间的地缘政治冲突，并从宏观层面不断思考通过国际合作加强全球治理的启示，管理市场预期，稳定外汇水平。面对国际市场的剧烈波动，党中央始终从人类共同福祉出发，坚持独立自主的和平外交原则，以联合国宪章宗旨和原则为遵循，坚持共商共建共享，为世界的稳定和平发展贡献了不可磨灭的中国智慧与中国力量。近年来，中国不断扩大外商投资，鼓励国家与国家之间在遵守市场准则、尊重经济规则的基础上，平等自由地展开贸易合作。此外，中国始终以邻为友，本着友善互助的大国态度，致力于支持邻国独立、和平、稳定的经济发展，并在疫情暴发之际第一时间向有需要的国家施行紧急人道主义行动。

五、金融市场服务实体经济，推动金融脱虚向实

党中央加快落实中央经济工作会议精神和 2021 年政府工作报告的各项举措，把握稳字当头、稳中求进的工作总基调，加快实施企业退税减税降费，金融支持实体经济，专项债发行，使用重点项目开工建设，支持企业稳岗等各项政策，充分发挥有为政府的职能，帮助市场主体渡过难关，以期产生积极的政策效应。党和国家金融监管事业变革激荡、成就斐然，恰恰体现了以习近平同志为核心的中国特色社会主义制度人民至上、生命至上的显著优势，充分彰显了我国政治制度和治理体系的优越性。

六、深入实施体育战略，激发巨大市场潜力

历经 7 年的艰辛努力，北京冬奥会、冬残奥会如期胜利举行，举国同庆冰丝带诞生，废旧物车间改造成冰雪训练基地，竞赛场地与工业遗产再利用，推动了冰雪经济、中国体育事业的发展；简约、安全、精彩的冬奥盛世带给全球人民一场体育狂潮和视觉盛宴，带动 3 亿乃至更多人参与到冰雪运动之中，更展现了体育事业快速扩张的极大潜力；弘扬冬奥精神，让冬奥成果最大程度、最持久地融入市民生活，成为中国体育和经济社会发展同世界奥林匹克运动发展开创双赢局面的重要契机。根据《"十四五"体育

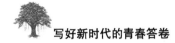

发展规划》发展目标，我们要加快体育产业与医疗、文化、健康、旅游行业等的快速联通，不断提升体育在国民生产总值中的贡献率与参与率。

习近平总书记强调："保持定力，增强信心，集中精力办好自己的事情，是我们应对各种风险挑战的关键。"奋进之路非坦途，在新的伟大征程上，立足新发展阶段、贯彻新发展理念、构建新发展格局、推动高质量发展，集中力量办好自己的事，我们就一定能把握未来发展主动权，推动中国经济航船平稳驶向更加美好的未来。

共同富裕下的"我们"

公共卫生学院（深圳）　　白玛永措

中国语言文学系（珠海）　　贡觉卓玛

共同富裕是社会主义的本质要求，是中国式现代化的重要特征。党的十八大以来，党中央把逐步实现全体人民共同富裕摆在更加重要的位置，打赢脱贫攻坚战、全面建成小康社会，一步一个脚印，为促进共同富裕创造了良好条件。作为从小生活在西藏的青年学子，我们沐浴党恩、一路成长，对共同富裕的历史进程有着深刻的感悟。

一、脱贫攻坚：一个也不能落下

2021 年，习近平总书记在全国脱贫攻坚总结表彰会上庄严宣告："在迎来中国共产党成立一百周年的重要时刻，我国脱贫攻坚战取得了全面胜利。"

作为曾经全国唯一省级集中连片特困地区，西藏自治区于 2019 年底便发布白皮书，宣布全区 62.8 万建档立卡贫困人口已全部脱贫，74 个贫困县区全部摘帽。这彪炳史册的人间奇迹背后，离不开党中央的坚强领导，更离不开全国各地援藏力量的鼎力支持。作为从小生长在林芝市的青年学子，"粤藏情深"于我们而言不仅是一句简单的口号，更是陪伴我们成长的民族情谊。

20 多年来，广东省根据党中央治藏方略及共同富裕的方针政策，充分结合西藏实际情况，积极推动特色产业发展。我们的家乡是中国最后一个通公路的县——墨脱县。多年来，一批批广东省援藏干部来到墨脱，将先进的技术与管理理念带到墨脱的建设当中，不仅实现墨脱公路的全线贯通，使其从此摘下了"高原孤岛"的称号，还在墨脱开展易地搬迁项目，推动各类特色产业发展，极大地改善了墨脱人民的生活水平。值得一提的是"墨脱茶叶"。2019 年，潮州市援藏干部及潮安区工科局副局长在前往西藏墨脱开展援藏工作时，发现当地气候非常适宜种植茶叶，因此从潮州市潮安区凤凰镇引种 2000 亩凤凰单丛茶至墨脱，不仅对茶叶种植进行技术指导，还对茶产业发展的全生产链和销售链提供支援。如今，茶叶基地建设所带来的收益相当可观，为我们家乡的发展注入了新的活力。

脱贫路上，一个也不能落下。墨脱仅仅是广东对口帮扶林芝的一个缩影，而在林芝的六县一区，一个个"粤藏情深"的故事时时刻刻都在书写……

二、全面小康：我们走出大山

习近平总书记反复强调，扶贫先扶志，扶贫必扶智。

从 1985 年创办内地西藏中学班，到派遣援藏干部支援中小学，再到"组团式"教

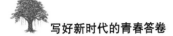

师援藏……多年来，各种创新援藏举措极大助力西藏教育事业发展，为西藏人民迈向幸福小康生活作出巨大贡献。

作为西藏学子，我们感受最为深刻。"珠海楼""粤芝楼""粤韵文化广场"等独具"广东元素"的建筑物坐落在我们的母校林芝市第一中学，陪伴了我们三年的高中时光。除了资金与硬件的投入，广东各中小学、各高校也积极与林芝推动教育合作项目。一方面，选派西藏教师骨干到广东省中小学实习培训，提高专业素养；另一方面，选派广东教育工作者支援西藏中小学建设，壮大当地教育教学力量。

援藏副校长、援藏老师、支教志愿者……"广东来的老师"成为我们求学路上宝贵的回忆。在这当中，与中山大学研究生支教团老师的相处最为难忘。2019 年，在他们的带领下，我参加了"青翼计划"研学旅行项目，第一次走出西藏，走出大山。这是一个筑梦的摇篮，它给我们一行 31 位同学带来了许多人生中的第一次：第一次乘坐飞机、第一次参观腾讯大厦、第一次遥望大海、第一次品尝早茶……似乎许多的疑惑都在此找到了答案。印象最为深刻的，是漫步在中山大学广州校区南校园的时候，我似乎恍然间找到了此后两年之余高中生涯的奋斗目标与前进方向！

如今，我如愿以偿，成了一名中大学子，成了支教老师们的师弟师妹，也真正地走出了大山。

三、共同富裕：吾辈青年当自强

"没有中国共产党，就没有社会主义新西藏。"

今日的雪域高原，从一个人烟稀少、鲜为人知、穷困落后，甚至世人不敢攀登的禁地，成了如今的旅游胜地、各类资源的重要出口地，通往共同富裕的道路逐渐清晰。令人高兴的是，西藏不再单方面接受全国各地的帮助，而是尽己所能为其他兄弟省份提供帮助。从"武汉封城"到各地疫情防控，西藏也加入了"四方援助"的队伍，以实际行动践行着共同富裕的责任与担当。

作为一名中山大学医学专业的学子，我很自豪，我的许多老师曾远赴雪域高原播撒希望，帮助林芝市人民医院成功创建三甲医院，助力家乡医疗水平显著提高。健康所系，性命相托，当我步入神圣医学学府，我就庄严宣誓过，我将秉持"医病医身医心，救人救国救世"的中山大学医学医训，努力学习专业知识，孜孜不倦，全面发展。救死扶伤，不辞艰辛，执着追求，为祖国和西藏的医药卫生事业的发展和人类身心健康终生奋斗。

作为一名中山大学历史学类专业的学子，我很幸福，在自己的求学路上与中山大学研究生支教团的支教老师们结下了深厚的情谊，在他们的鼓励与陪伴下圆梦中大。我将努力学习专业知识，为成为一名人民教师付诸行动，并且在不久的将来回到西藏、回到家乡，继续传承教育教学理念。

我们深知，共同富裕的本质不仅是物质上的富裕，也是精神与社会适应上的完满状态。今日之西藏依旧缺乏一种前进的梦想和追求，仍需坚定不移地走共同富裕的发展道路。而这条道路，绝不能仅仅依靠全国人民，更需要西藏青年自强不息，反哺家乡。如今的我们，正在积极向党组织靠拢，也将牢记习近平总书记的教诲，坚定不移听党的话、跟党走，努力成长为堪当民族复兴重任的时代新人；更加珍惜机会，立鸿鹄志，做奋斗者，不负韶华，不负时代，不负人民，在青春的赛道上奋力奔跑，争取跑出当代青年的最好成绩！

爱、使命与共同富裕

——中大学生鲁史中学支教行

新闻传播学院　刘乙达

"从 2020 年 8 月到 2021 年 7 月，一年的时间让我受益一辈子。"作为中山大学研究生支教团的一员、2021 级硕士的 H 回忆起自己一年的支教经历，在电话另一端依然流露出些许兴奋。

1915 年，陈独秀于《青年杂志》创刊号《法兰西人与近世文明》曾言："各国之执政及富豪，恍然于贫富之度过差，绝非社会之福。"作为社会主义的本质，共同富裕是中国共产党对全体人民做出的郑重承诺，百年来艰苦卓绝的革命建设孕育了党的使命担当。社会主义新时代号召着各级政府、企业单位与社会组织积极投身"共同富裕"建设，主客体、形式渠道的更新为这一概念注入全新活力，并使其与当下中国社会实际产生了复杂深刻的联系。作为精神文明建设的重要组成部分，教育领域的共同富裕日益聚集着全社会的关注与讨论。

教育领域的共同富裕是人民精神富足、乐于创造的美好愿景，更是权利平等与社会正义的体现。2021 年教育部教育事业统计数据显示，我国普惠性幼儿园覆盖率达 87.78%；义务教育阶段控辍保学成果显著，巩固率达到 95.4%；高中阶段教育毛入学率提高到 91.4%。持续增长的数据是教育公平发展良好的证明，但背后依然存在种种问题。城乡地域差距大，相较于以往教育设施匮乏"没学上"的情况，如今不发达地区面临的更多是教学质量的沟壑：一座设施完备、硬件齐全的乡村学校，真正缺乏的是稳定的优质师资力量与运行良好的教学体系。正如"美丽中国"对口帮扶活动负责人所言，"大山中的孩子们"如今面对的不是上不了学，而是怎样念好书的挑战。

坐落于云南西南的凤庆鲁史中学，是中山大学研支团长期定点帮扶的 5 所中学中唯一一所乡村完全中学。谈及与它结缘的缘由，H 坦言是一次恰到好处的运气。"我有支教的兴趣，也了解过中大研支团的活动，认为这是有意义有价值的事。"长期以来对支教的向往，加上保研升学的现实要求，促使她成为研支团的一员，并为自己第一次支教经历积极筹备。巧合的是学院很多师兄同样是研支团成员，足迹遍布各帮扶学校，甚至有人已经在自己的目标学校任职，空闲时向 H 讲述了不少当地的新鲜事。

"（我们）工作内容是很一致的，这会给我借鉴的经验，再说当时因为身体原因没法进藏，所以鲁史就是唯一选择。"H 笑着说，"天时地利人和"，她也顺理成章跟随其他人来到了这所普通的中学。

大学生助教在当地高中负责的事务主要包括教学与公益事务两类。教学上每个支教老师负责一到两个班的教学，H分管的正好是一个高二班的历史和一个高三班的历史。高考迫在眉睫，严抓教学的H压力巨大。"我之前只做过家教，真正教五六十个学生的情况是没有的。"面对尚且陌生的几十个脑袋，上完几节课的H要求同学们每人在纸条上写出对她每次教学的评价，课后再针对纸条的内容不断改进备课内容与教学方式。在她看来，匿名纸条有助于消除孩子们心灵的隔阂，更是对教学工作的直接建议，这种办法一直持续到他们能和她大方沟通为止。然而，需要操心的地方不仅在教室和办公室，食堂同样是接触孩子们的重要场所。

"我印象比较深刻的是一个女生，有时我们教师会去食堂值班。一般的学生看到我顶多问个好，但是她更亲近我，跟我讲她家里面的事情，给她造成了怎样的影响。"H回忆起这个内心有些阴郁的孩子，依然记得彼此交往的内容。虽然告别高考已五六年，但过来人的身份令她每次交流时的知识指导与经验分享更有说服力。繁重的学业压力与复杂的家庭关系令该学生情绪崩溃的情况并不罕见，H始终陪伴在她身旁，用一次次的开导安慰领着她平稳地度过了一年时光。

"我回来以后，她还和我保持着联系，现在一有空就会给我发微信。"回归学生身份的H在这个话题上相当活跃，声音里透出明显的高兴。除了这位女生，另外一位她的学生去年高考同样考入了中山大学，两人从师生一下子成了校友，这位"师弟"逢年过节还会和"师姐"通电话祝她节日快乐。一年支教播下善意的种子，在凤庆生了根，又将情谊的花瓣送回了中山大学，盼着往后的岁月里结出累累硕果。"支教真的很有价值，这种缘分让我受益一辈子。"H稍稍打住话头，在微信聊天记录翻找着承载记忆的文字图片。

地处澜沧江、黑惠江间，素有"茶马古道第一镇"之称的鲁史镇依然保留着古朴简素的面貌，也让发展成为当地人民共同关心的问题。在这里，支教老师们作为公益项目的负责人，更是跑资金、拉赞助的好手。按照规定，在校教师每年都会通过家访在各年级遴选助学金补助对象，而在这所学校里的学生父母大多在外务工，单亲家庭、留守儿童是普遍现象。家访的经历让H接触到孩子们的生活条件以及与家人的关系，作为初中部助学金项目的负责人，H和同事通过微信群吸引、筛选资助人并发起资助活动。为了保持稳定的资金来源，她长期与诸多社会组织或个人保持联系，为此吃了不少闭门羹。"说实话，学校每年跑赞助拉来的助学金并不算多，但鲁史的消费水平比较低，这些钱还是能满足学生生活所需。"H顿了一下，"我当时只想着能给他们多少帮助就给多少帮助。"

身处未大规模开发的古朴小镇，习惯了都市便捷繁华的中大学子颇有些不适应，想象中的公共卫浴成了每天必去的地点，甚至需要和学生共用。对H而言，最可靠的支持一直是当地老师。"（他们）知道我们不习惯，于是提供了很多帮助。我们每天在办公室一起备课，有问题一起探讨，偶尔一起出去聚餐或者在宿舍做饭。"一年的支教少不了磕磕绊绊，这些日常生活场景是H工作之余的慰藉，更激励着她继续工作。相似的兴趣爱好将中山大学、其他支教学校以及本校的年轻老师聚在了一起，即使返校后他们也依然保持着联系。"我们一起看票圈然后评论点赞，日常遇到什么也会分享，这是一辈子的友谊。"天南海北的人们聚集在小小的鲁史中学，却将友谊的羁绊带入各自的

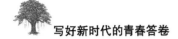

生活，这让 H 既惊喜又感念。

去年 6 月，H 领着学生们前往县城参加高考，路上她给每个学生发了两块巧克力，陪学生走完高考最后一段旅途时，她只能以这种方式表达自己的祝福。"他们也把自己的零食给了我，再问我考试的问题，也许他们觉得我这个老师挺好的。"参加考试的学生里有四五人考入二本，更有 1 人考入中山大学，也就是 H 的"师弟"。

"这创造了奇迹。"H 评价道，"但也是鲁史的传统。"2014—2021 年，中山大学集中优势资源，通过专家援医、研究生支教团和干部挂钩等多种形式派驻教职工 400 多人次，直接投入帮扶资金 3179 万元，引入资金 2388 万元，在促进教育进步的同时极大地带动了当地扶贫建设。自 2016 年以来，已有 24 名凤庆籍学生步入中大校门，这自然离不开自身的勤奋努力，更是几代鲁史人与中大研支团共同努力的结果。"我们只是想让更多的孩子通过教育踏上更高的平台。另外我们连接的社会资源让更多好心人有了帮助他们的途径。"H 简洁地概括了一年来的付出。

2018 年，中青报冰点周刊《这块屏幕可能改变命运》在 8 小时内创下了近 2000 万的阅读量。不大的屏幕是一座县中接触中国最优秀教学经验知识的桥梁，是两地师生对理想、前途共同的守护与关怀，更是无数满怀激情的理想者对权利公平的坚守展望。习近平总书记指出："努力让每个孩子都能享有公平而有质量的教育是教育事业优先发展的着力点，也是坚持以人民为中心的必然要求。"随着教育公平与扶贫扶智思想的融合，互联网技术对教育理念形式的改造蜕变，共同富裕在教育领域逐渐有了更深远丰富的指向。而人文气息浓厚的中大与它历史悠久的研究生支教团，用青春、智慧与善意促进人与人真正的尊重与理解，为孩子们跨越教育差距提供持续的可能。

"含笑看人生，平心尝世味。"一代代中大研支团的成员们，正如鲁史人家门楣处常见的对联，含笑注视着孩子们走向明天，走向广阔的未来。

写好新时代的答卷

大气科学学院　　唐力迈

自古英雄出少年，青春妙笔绘诗篇。百年奋进昂扬，从百年前的那一艘红船得以窥见曙光，到如今喜迎党的二十大，青年，永远是一个国家乃至一个时代的希望。江山宏才，风雨砥砺，岁月如歌放眼量，五四青年节成立的百载春秋里，青年将时代责任和家国情怀镌刻在史册上，代表着希望的红色绽放在青年的眉眼中。而今青年承史颂今悟栉风沐雨，不负护家国海晏河清之责任。

车尔尼雪夫斯基说："历史的道路不是涅瓦大街上的人行道，它完全是在田野中前进的，有时穿过尘埃，有时穿过泥泞，有时横渡沼泽，有时行经丛林。"从南湖畔的小小红船，到今年脱贫攻坚完美收官，再到如今中国共产党引领中华文化不断向前发展。中国共产党在历史风雨中坚定前行。正是坚如磐石的信念，坚不可摧的信仰，坚贞不渝的忠诚，焕发出振兴千秋伟业的百年荣光。百年荣光开新篇，坚定信仰新征程。中国共产党的信念开始扬帆。

苏轼说过："古之立大事者，不惟有超世之才，亦必有坚忍不拔之志。"在信念扬帆的时代，人们投身于新中国的建设事业，面临挫折，建设者们迎难而上，以独立自主自力更生的创业精神，书写了大庆的奇迹；公仆情怀、至死不渝的焦裕禄，即使受到肝癌的侵扰，也始终没有放弃摘掉兰考贫困县帽子的信念。百年荣光开新篇，坚定信念新征程，激励中国人民不断攻坚克难走向胜利。

百年荣光开新篇，坚定信念新征程，激励中华儿女满怀信心，奋勇向前。亿万人民用劳动托举起梦想的豪情，将凝聚成坚不可摧的奋斗精神，耄耋之年的钟南山，两次英勇无畏奔赴抗疫战场，挥洒着自己的满腔热血，创造出了一个个奇迹；攻坚不辞辛劳的刘飞，认真履职，大力发展扶贫，带领村民成功实现脱贫。百年荣光开新篇，坚定信念新征程，激起了我们不可战胜的奋进伟力。

我们要乘势再度启航，永不懈怠，锐意进取，创造下一个时代奇迹，坚定信念，为我们伟大复兴中国梦而努力奋斗。

"青春如初春，如朝阳，如百卉之萌动"，任何一个时代的前进，都离不开青年人的身影。一百年前，先辈历经千帆救人民于水火，立志于中华民族千秋伟业。天安门城楼前三千青年学子振臂高呼，勠力齐心、奋勇力争祖国尊严，一声声铿锵有力、掷地有声的呐喊翻涌着壮志豪情，唤醒了这片昏睡的土地。通过史料和相关记载，我们追忆并铭记孙中山先生"惟愿诸君将振兴中国之责任，置之于自身之肩上"，缅怀革命烈士"大江歌罢掉头东，邃密群科济世穷"的壮志豪情，将先辈血液中翻涌的青春热血薪火相传。

放眼今日，新时代青年意气风发，勇踏时代风浪。江城疫起，九州蒙尘，青年医护工作者逆行的步履沉稳铿锵；"上九天揽月，下五洋捉鳖"，航空深潜，青年科研人员夜以继日焚膏继晷，其中有"北斗女神"徐颖挑起北斗科研重任，在日复一日的孤独实验中，将努力化作指引后来者的灿灿北斗，增辉夜空……欧阳修曾言："羡子年少正得路，有如扶桑初日升。"中者正，其日煌煌；能者众，其言昭彰。新时代的青年们正用自己脚踏实地的行动向世界正名，不驰于空想、不骛于虚声，方为炯炯明烛，长耀"任重而道远"的历史道途于眼前。

时至今日，五四火炬的星火将要靠我们接续。作为当今时代的青年，也诚当付一腔热血，挥剑诉豪言。而新时代青年的行动也不能缺少指引前进的明灯。"江河万里总有源，树高千尺也有根。"当今世界格局变幻莫测，而我国正处于实现中华民族伟大复兴的关键时期，新时代中国青年作为历史的参与者和见证者，是国家未来发展的根脉所在，只有根扎得深、扎得稳，树木才能枝繁叶茂。

世殊事异，迭代拓殖，前途和过去的交织点就是现在。"时代是出卷人，我们是答卷人，人民是阅卷人。"

进入又一个新时代，面对新挑战、新形势、新任务，我们要不忘初心、牢记使命，大力弘扬"跨越发展、争创一流；比学赶超、奋勇争先"精神，始终以满怀的激情和斗志担负时代赋予的使命，不断开创跨越发展新局面，向党和人民交出合格的满意的答卷。

每一个时代都有一个时代的责任与奋斗目标，虽然每一代的人物面貌各不相同，然而，"在时序更替中，始终不变的是奋斗者的身姿，在历史坐标上，始终清晰的是奋斗者的步伐"。作为中国的新时代青年，在享受前辈们的努力成果的同时，我们也应做好新时代的答卷人，接过接力棒奋斗前进。

做好新时代的答卷人，我们应始终坚持脚踏实地实干，把口号落实到实践和担当中，始终保持求知若渴的求知状态，向书本学习，向前辈学习，向榜样学习，向群众学习，学习习近平总书记"从来没有放弃读书和思考"的态度，以学益智、以学修身。

做好新时代的答卷人，我们要抓住时代机遇，以时不我待的奋斗精神大胆闯出属于当代青年的新天地，努力成为创新型人才。要勇于解放思想，用创新的思维和办法解决实际困难。

做好新时代的答卷人，我们要正确树立"四个正确认识"、增强"四个自信"，在党和共青团的领导下，用自己脚踏实地的行动向世界正名，不驰于空想、不骛于虚声，方为炯炯明烛，长耀"任重而道远"的历史道途于眼前。

"乔木亭亭倚盖苍，栉风沐雨自担当。"青年应在习近平新时代中国特色社会主义思想的指引下，将青春悉数奉献给祖国的大好河山，将其化为民族滚滚前进的动力。中国青年终将指点江山挥斥方遒，更是国之栋梁，到中流击水，浪遏飞舟，让雏凤清于老凤声。红日初升，其道大光。几十载亘年漫月哺育出的华夏无疆春秋，青年应将热爱和汗水化作烛光，长庚惜时，勤勉勤奋，山河明月，定不负祖国之所期。

青春如炬，擎之以烁

材料科学与工程学院　马铭辰

穿梭岁月的烽火，走过历史的云烟，在人类浩瀚的历史中始终燃烧着一把闪耀的火炬，那是青春燃灼起来的火炬。这火炬属于那些在暗夜里不畏艰难、寻找着新时代光明未来的革命青年。

适值五四青年节，又恰值建团一百周年这一光荣的时间节点，这让我的内心感慨万千。

新时代，我国仍然是世界上最大的发展中国家，人口多、底子薄的基本国情没有变，我们仍然面临一系列严峻挑战，还需要继续艰苦奋斗。在实现中华民族伟大复兴的"接力跑"中，青年始终是实现中华民族伟大复兴的先锋力量。

"每一粒微尘都有自己的能量，无数的微尘汇集成一片光明。"时代更迭，万物互联，旌旗猎猎，战鼓催征。面对新征程，我们新时代的青年都需如艾青所言，"射向高空，迸发出璀璨的光"——以自我不懈努力立功当下。

"只争朝夕，不负韶华"，是习近平总书记向我们发出的伟大号召。我们是团百年目标的见证者，也是国百年目标的亲历者，生逢新时代，肩负如此使命，我们青年怎能落寞，自甘庸俗？欲知大道，必先躬行。"凿井者，起于三寸之坎，以就万仞之深"，作为新征程的新生力量，我们应积极摆正位置，树立正确的价值观和职业方向，立功于当下。

考入中山大学，我有幸来到了广州，也有幸可以观仰团一大会址——共青团的诞生地。紧邻全国总工会旧址、与省港罢工纪念馆隔街相望，一座形如书籍展开的红砂岩雕塑，坐落在广州的团一大广场上，安静地昭示着百年前的风起云涌。就在这里，1922年5月5日，在中国共产党的直接领导下，中国社会主义青年团第一次全国代表大会召开，宣告了中国社会主义青年团的诞生。

而提起这次会议，老一辈的革命家们都会说，"团一大在广州召开，是广州青年争取来的"。提起广东这片改革开放的前沿地，总能联想起敢闯敢试、敢为人先的改革精神。追溯往昔，在革命年代，这种精神已在广东青年身上显露。在广东这片土地上，百年前，青年在这里扬起了领航的风帆，百年后，青年在这里接受思想的洗礼。红色的种子埋藏在这片地里，春风吹又生。

从革命热土到发展热土，时代主题在变化，奋斗主角在承续，不变的是创造历史的人民伟力和矢志复兴的如磐初心。广东省的变化使我不由得想起：正是在中国共产党成立之后，在那个时代中，挽救民族危亡的艰巨任务迎来了鼎力担纲者，实现国强民富的远大征程有了坚强领路人。

也正是浸润在广东省浓郁的红色氛围中，我希望自己也能像曾经自由的广东青年一样在新时代中敢为人先，因此这个暑假我主动参加了社区防疫相关工作，通过一次次的核酸检测来体会奋战前线的医护人员和社区工作者的不易。同时，我也积极利用专业知识来宣传佩戴口罩等防疫工作的重要性，比如通过关于气凝胶的通俗科普来让大家意识到新冠病毒传播时间的长久与传播形式的特殊，我还通过科普口罩材料的结构，解释了口罩为何起到极佳的防护作用。我们要积极面对各种挫折、考验，锤炼自己的业务技能，练就过硬的本领，使自己能更好更快地完成各项工作。

放眼全国：日月其迈，岁律更新，千年大国，初心如磐，执政一国，造福一方。处于两个一百年的历史转折点，党已向人民和世界交出了一份漂亮的答卷，而正值七八点初升太阳的我们，更应紧追党的脚步，以赤子之心凝聚力量，以奋斗之魂铸就辉煌，做好分内事，成为为党分忧、为国谋事、为民谋利的时代栋梁。

作为入党积极分子的我们对人民的关注以及照顾也透露着共产主义接班人对人民的照顾以及尊重，体现了党的接班人的高素质、高素养。让人们在新一代实践者的身上看到了党的希望，看到了党的未来。新时代党的领导会更自由化、公正化，更加人性化。我们新时代青年会执着追梦，永不低头，做到"志之所趋，无远弗届，穷山距海，不能限也"。

21 世纪的我们，正处于两个时代的交汇点，在这中国共产党、中国共青团建设的关键时期，我们有义务着眼于当下，正如我们的前人所做的那般。我们需要实践，需要为困难带来新时代青年的奋斗精神，需要让人民在新时代奋斗者身上看到党的希望！我希望，瞬间的积淀不要流淌，岁月的馈赠不被消磨，而是在时间的河床上凝聚起沉潜的力量，让我们与时代和社会一起，向阳生长。

如今我们活在自己的花季。享受着属于自己的健壮体魄，学习着别人梦寐以求的知识，感受着来自祖国的关怀。而百年五四团旗今日来到我们的手中，我们流淌着的是祖辈的英雄血液，我们品味着的是祖辈传承下来的文明，难道我们不该把这赤色的浸染着祖祖辈辈鲜血的旗帜扛进 21 世纪吗？飘扬的旗帜昭示着我们的使命。"莫等闲，白了少年头，空悲切。"相信未来，中山大学莘莘学子必将继续唱响新时代的青春之歌，谨言慎思，明辨笃行，用青春之力承载起国家和民族的光明未来。

无论浪潮如何席卷，总有点点星光不灭。这是我们的时代，理应见证我们的燃烧。"像节日的焰火，带着欢呼射向高空，然后迸发出璀璨的光。"五四将至，使命在肩，相信莹莹之光可照旷野，点点星河蔚为汪洋，相信新的征途上，我们仍能劈波斩浪，行歌万里。

最后，祝每一位为梦想搏击的新时代青年能成为伟大祖国母亲的骄傲！不负韶华，激昂义勇，百折不回，豪情满怀地投身这个浩浩汤汤的大时代，为党讴歌，建功立业。百年大业，重在今天！

在笃行中奋进，在博学中翱翔
做新时代的新青年，在新征程中焕发新活力

航空航天学院　玉秋惠

当今世界的发展局势云谲波诡、风云变幻，不和平因素仍然在作祟；单边主义和贸易保护仍然不断抬头；局部冲突局部战争仍然存在；我国彻底解决绝对贫困问题不久，需要去巩固脱贫成果，防止脱贫后的"返贫"；疫情下的实体经济受到一定程度的影响，如何在"防疫常态化"的条件下复工复产存在一定挑战……与此同时，我党喜迎百年诞辰，时代作为出卷人，党作为答卷人，人民作为阅卷人，向世界交出一张令人满意的答卷，党在这个关键历史节点，告诉我们以上的问题既是机遇也是挑战，就像有解的方程是可以被解决的，只要我们坚定不移地紧靠组织，紧靠党中央，问题一定会迎刃而解的。

唯物辩证法的发展观告诉我们，世界是运动的、变化的、发展的，发展的实质是事物的前进、上升，是新事物取代旧事物，因此我们要用发展的眼光看问题。当今世界的总体趋势也是发展的，只不过各个国家的发展速度与方式各有不同，有的选择坚持"单边主义""贸易保护"，企图以一家独大的垄断形式限制别国的发展，以"强盗"的方式去谋求本国的发展；有的在原地踌躇，似乎还未找到真正适合自己国家发展的道路，企图照搬照抄别国发展模式，殊不知"鞋子合适不合适只有脚知道"；而我国，早已找到了那个经受过实践检验的发展道路——中国特色社会主义道路，我们不照搬照抄，坚持从本国国情出发，实事求是，一切从实际出发，从人民的需求出发——只有合适舒适的鞋才能让人跑得更快。

习近平总书记说过："历史是最好的教科书。我们要学史以明理、增信、崇德、力行。"以上八个大字，简短有力，掷地有声。我们青年学生，风华正茂，应当用马克思主义辩证唯物理论武装自己的头脑，用科学知识丰富自己的学识，去实践，在祖国这片希望的田野上发光发热，抛洒汗水，用多彩的生命之泉浇灌民族高耸的脊梁。

学史以增信，增的是这"四个自信"——道路自信、制度自信、理论自信和文化自信。为什么我们说这双"鞋"是合适我们中国的，即为什么我们说中国特色社会主义道路是适合中国的路？这要从党的"答卷"中找原因。党百年奋斗的辉煌历程，从百年前嘉兴南湖的一艘小红船伊始，小红船在当时内忧外患的中国大地上游荡，荡出了中华民族伟大复兴的壮丽华章，荡出了后世中华大地的山河壮丽、国泰民安、国富民强。党的早期领导人十分了解当时的中国国情民生，才决定尝试马克思主义的道路。而党的诞生，是历史和人民的选择，党的领导地位也不是故步自封的，它就像初升的太

阳，照亮了中国神州大地，使我国的革命面貌焕然一新。接着，我们从新民主主义革命时期，到社会主义革命和建设时期，从改革开放和社会主义现代化建设新时期，到中国特色社会主义新时代，我们一步一个脚印，脚踏实地地走在我们自己的路上。走在这条路上，我们从近代一张屈辱的《时局图》中任人宰割的羔羊，一跃成为世界第二大经济体，每年都以一定的经济增长速度在新征程中奋进，我国经济增速在全球主要经济体中名列前茅，国民经济总体运行在合理区间，全年发展的主要目标任务较好完成，这在疫情影响下萧条的世界经济中都是罕见的，足见我国的经济活力之旺盛。我们又有什么理由不对这条道路充满自信？

而说到制度自信，就不得不提到新冠疫情发生以来，中国特色社会主义制度所展现的优势。在党的领导下，十四亿中国人民勠力同心，发挥集中力量办大事的制度优势，付出巨大努力，取得抗击新冠疫情斗争的重大战略成果。党始终将人民群众的生命健康安全摆在首位，这也是保护人权的体现，其调度有序性、高效性，令世界都为之震惊。2022年北京冬奥会的顺利举办给在疫情影响下的体育事业吃了一颗"定心丸"，提供了中国智慧，这也成为奥运举办的新标杆。冬奥会也成功开启了我国冰雪项目的市场前景，是对"健康中国、体育中国"的响应，满足了人们日益增长的对美好生活向往的需要，更在世界舞台上再一次展现了大国实力、大国担当。这些无不需要一个国家相应的机制体制去支撑，我们又有什么理由不对我们的制度充满信心？

我们的发展，从来都是在追求自身发展的同时，兼顾他国的合理需求，这也正是习近平总书记提出的"人类命运共同体"的体现。世界是联系的，世界上没有一个事物是能够孤立存在的，联系是普遍的，从经济全球化到疫情防控，从"碳中和"到国家安全。我们有信心、有实力完成碳达峰碳中和的目标，这是一个大国的责任、担当，展现了一个大国的形象与情怀，我们是一个有温度的国家。因为作为一个拥有十四亿人口的发展中国家，碳达峰碳中和对于我们来说的确是一个不小的挑战，但是面对如此严峻的挑战，我们并没有选择"甩锅、逃避"，而是迎难而上。维护生物多样性，共同建设美丽家园，这是造福子孙千秋万代的事情，也需要我们发挥"愚公移山"的精神，努力下去，子子孙孙无穷匮也！

而关于我国的国家安全，"一个中国"是不容商讨的，实现祖国完全统一是大势所趋。国际上某些国家的"抹黑""污蔑"，打着"人权"的幌子，干涉我国内政问题的行为，完完全全是非正义的、可耻的，这是自欺欺人、掩耳盗铃。同时，国内的反间谍斗争形式日益严峻，给我们敲响了警钟。我们要坚持国家总体安全观，防止境内外敌对势力的渗透，特别是文化渗透从而导致的价值观渗透。这警示着我们更要加强文化自信，坚持文化强国——中华民族上下五千年悠悠历史，传统文化源远流长，博大精深，我们取其精华、去其糟粕，在继承中发展，在发展中传承，推动文化创新，推动文化传播的机制体制改革，让中华文化"走出去"！

当年几位仁人志士的一拍即合，书写了中国特色的序言，这意味着中国青年的力量是不容小觑的，"五四"青年就是一个很好的例子，青年前辈们的热血因爱国而难凉，正如梁启超先生在《少年中国说》里写道："红日初升，其道大光，河出伏流，一泻汪洋，前途似海，来日方长。"就像孙中山先生对吾辈的期盼，从心底发出渴望的呐喊

——振兴中华，永志勿忘！看今朝，中国的青年们也都正朝气蓬勃，大步向前，在新时代的新征程上，焕发着新生的活力。青年一代有理想、有担当，民族就有前途，国家就有希望，我们将在笃行中奋进，在博学中翱翔！

将个人利益同国家利益相结合
坚持唯物史观　厚植爱国精神

国际翻译学院　董颖儒

　　马克思主义认为，人民群众是社会历史的主体，是历史的创造者，人民群众在社会历史发展中起决定性作用。马克思主义关于人民群众是历史创造者的原理，要求我们坚持马克思主义群众观点，贯彻党的群众路线。要维护祖国统一和推进中华民族伟大复兴，就要进一步调动和发挥人民群众的积极性和创造性。

　　北京冬奥会、冬残奥会抓住伟大时代赋予的机遇，在冬奥申办、筹办、举办的过程中，人民群众创造了"胸怀大局、自信开放、迎难而上、追求卓越、共创未来"的北京冬奥精神，深刻把握北京冬奥精神形成的原因和发展规律，对领悟民族精神深刻内涵、厚植爱国主义精神土壤、展现中国大国形象担当、推动中华民族伟大复兴具有重大战略意义。

　　北京冬奥精神是中国共产党宗旨和性质、中国特色社会主义制度优势、社会主义核心价值观、中华民族优秀传统文化深厚底蕴的生动凝练和具体表达。北京冬奥精神并非凭空产生，而是从历史深处走来，内蕴着丰富的基因逻辑、文化逻辑和实践逻辑。

　　北京冬奥精神赓续传承了人民群众热爱祖国、艰苦奋斗的基因逻辑。人民群众厚植爱国情怀，该情怀并非凭空产生，而是有其特定渊源的。国家强盛、民族振兴的梦想流淌在人民群众的血脉之中，植根人民群众的心灵土壤之中。中国人民从积贫积弱、被列强侵略的屈辱境地，实现"站起来—富起来—强起来"的伟大飞跃，依靠的一条精神主线就是为国争光。"同一个世界、同一个梦想"的北京奥运会，让世界进一步了解中国，也让中国进一步走向世界。而今，举办北京冬奥会、冬残奥会同中国实现"两个一百年"奋斗目标高度契合，冬奥梦交汇人民群众的中国梦。胸怀大局，心系祖国、志存高远。这一内涵概括突显了为国争光的爱国主义永恒主题。北京冬奥会、冬残奥会作为"国之大者"，再次凝聚了中国人民团结拼搏的力量，万众一心、众志成城。千千万万奥运参与者何以热情服务、辛勤付出、忘我奉献？从根本上说，是因为他们树立了为国、为民、为他人的大局观，克服了常人难以克服的困难与挑战，"铸就了力量和美的辉煌，创造了生命和爱的奇迹"。

　　北京冬奥精神赓续传承了人民群众勇于创新、开放包容的文化基因。开放源于自信，自信促进开放。人民群众一直以来都有"自信开放"的博大胸襟，坚持取其精华、去其糟粕、不忘本来、吸收外来、面向未来，不仅汲取转化了中华优秀传统文化中的思想文化、哲学思想等宝贵财富，还吸收借鉴了其他国家民族的一切优秀思想和文明成果。北京冬奥会会徽以"冬梦"命名，冰丝带、雪飞燕、雪游龙等冬奥场馆融入中国文化元素，十二节气拉开倒计时的序幕；雪花落下凝结成中国结；以中国国宝为形象基础的"冰墩墩"展现青春和活力，开幕式处处散发着"中国式浪漫"。串胡同、看大戏、包饺子、观科技……中外记者在奥运村深度体验中国文化习俗，赞叹中国黑科技，感受北京文化魅力的同时也看到了中国的快速发展和日益强大。冬奥会让世界更加深刻地认识中国和了解中国。冬奥盛会的"中国风"展现中华优秀传统文化在国际舞台的创造性转化、创新性发展，展现中国共产党领导各项事业取得的突出成就，展现新时代中国可信、可爱、可敬的形象，展现中国人民热情好客、真诚友善的精神风貌。北京冬奥会、冬残奥会的成功举办，更展现了中国特色社会主义的道路自信、理论自信、制度自信和文化自信，这些自信直接表现为中国特色社会主义的体育文化自信。北京冬奥会、冬残奥会不仅惊艳了世界，也展示了更开放、更自信的新时代中国人民群众和中国形象，中华民族必将在世界发展之中发挥更大的引领作用和中坚力量。

北京冬奥精神质赓传承了人民群众不怕困难、勇于奋进的实践基因。中国共产党带领人民群众的百年奋斗历程就是一部迎难而上、越险越进、越战越勇、砥砺奋进的辉煌史诗。面对历史上的各种风险挑战，中国共产党从未被艰难困苦所压倒，紧紧依靠广大人民群众，克服了各种艰难险阻，经受住了各种风险挑战，并逐渐强大起来。

迎难而上是中国共产党带领人民群众在历史各个阶段取得胜利的重要意志品质，也是中国共产党带领人民群众在砥砺奋进时不断锤炼出来的伟大品格。冬奥会全体工作人员、服务人员和参赛人员，无一不体现了人民群众的个人魅力与不懈追求。"雪场凌空"的谷爱凌、"一鸣惊人"的苏翊鸣、"龙腾虎跃"的李文龙……中国体育代表团的年轻运动员在冬奥赛场崭露头角并取得优异成绩，青春力量成为冰雪之上的一抹亮色，让人们不禁感叹中国青年的力量。运动员以阳光、自信、奋发的精神风貌，赢得了竞技对手的高度尊重，也受到了场内外观众的热烈赞誉。冬奥赛场，耀眼的不只是成绩，更有永不放弃的拼搏精神和超越自我的不懈追求。冬奥会年轻选手热血拼搏，让人们看到了青春最美好的模样。而"黑科技"奥运村背后的科研人员们锐意进取、追求卓越，突破了一个又一个关键技术难题，展现出中华民族以自强姿态屹立于世界民族之林的坚强决心和能力，为中华民族伟大复兴贡献了磅礴能量，书写了新的光彩夺目的壮丽篇章。

推开孤城万里，不见春风吹拂盛世几十载；听凭朔风卷尘，唯见中华文明风雨不动安如山。何也？是有千万人民群众也！如蒲苇，亦如磐石，虽一发而细如丝，却千钧而无转移。雪花虽小，片片累积却能共筑冰雪盛会。人民群众无名，却能在万众齐心下谱写华美乐章。北京冬奥让世界看到了中国人的力量，让世界看到了中国人的坚持，还让世界看到了中国人的梦想！

我们青年一辈更要培根铸魂、启智润心，厚植爱国主义情怀，不负时代重托，不负青春韶华，为实现中华民族伟大复兴的中国梦贡献智慧和力量，为自己圆梦，为中国筑梦！

向着新时代伟大复兴，走好新征程关键一步

护理学院　兰俊杰

党的二十大是我们党在进入全面建设社会主义现代化国家、向第二个百年奋斗目标进军新征程的关键时刻召开的一次十分重要的大会，是党和国家政治生活中的一件大事。我党坚持以习近平新时代中国特色社会主义思想为指导，全面贯彻党的十九大和十九届历次全会精神，深刻总结百年奋斗重大成就和历史经验，集中展现新时代坚持和发展中国特色社会主义的生动实践和重要成果。目前，"十四五"实现了良好开局，学深悟透党的创新理论，弘扬伟大建党精神，坚定走好中国道路、实现中华民族伟大复兴的信心和决心是我们当前和未来所面临的任务。

奋进新征程、建功新时代，北京冬奥会、冬残奥会成功举办是中国特色社会主义制度优越性的生动体现。北京冬奥会、冬残奥会是我国"十四五"初期举办的重大标志性活动，办好冬奥会、冬残奥会是我们对国际社会的庄严承诺。北京冬奥会、冬残奥会主题口号"一起向未来"是顺应历史潮流、切合人类心声的时代呼唤。冬奥精彩纷呈的赛事受到国际社会的积极评价，各条战线汇聚起实现中华民族伟大复兴的强大力量，充分彰显了爱国情怀，"三亿人参与冰雪运动"成为现实。冬奥期间，中国的防疫政策再次经受住了考验，为全球抗疫和举办国际重大活动提供了有益经验，为人类战胜挑战作出了中国贡献。习近平总书记在北京冬奥会、冬残奥会总结表彰大会上强调，坚持党的集中统一领导，坚持集中力量办大事，坚持主动防范应对各种风险挑战，坚持办赛和服务人民、促进发展相结合，充分展现了中国特色社会主义制度的先进性。2022 年北京冬奥会、冬残奥会的成功举办，在新的征程中闪耀着光辉。

奋进新征程、建功新时代，十九届六中全会的历史决议是我们党向艰辛奋斗的辉煌过往的致敬，向民族复兴的壮美前程的誓师。以史为鉴、开创未来、埋头苦干、勇毅前行，这是习近平总书记在十九届六中全会第二次全体会议上的重要讲话的主题。我们党坚持把马克思主义原理同中国具体实际相结合、同中华优秀传统文化相结合，不断推进马克思主义中国化时代化并用以指导实践，坚守初心，奋斗百年，推动了中华民族发展进程，改变了中国人民的前途命运，这是我们党和全体党员集体智慧的结晶。习近平新时代中国特色社会主义思想是当代中国马克思主义、21 世纪马克思主义，是中华文化和中国精神的时代精华，实现了马克思主义中国化新的飞跃。党确立习近平同志党中央的核心、全党的核心地位，确立习近平新时代中国特色社会主义思想的指导地位，与"两个维护"相互呼应，反映了全党全军全国各族人民共同心愿，对新时代党和国家事业发展、对推进中华民族伟大复兴历史进程具有决定性意义。我们党为什么能，中国特色社会主义为什么好，归根到底是因为马克思主义行。在坚定了理论自信的基础上，中

国特色社会主义道路自信、制度自信、文化自信才能有机统一、相辅相成，我们才有在新征程中开创未来、埋头苦干、勇毅前行的必胜决心。

奋进新征程、建功新时代，2022 年全国"两会"是我们党团结奋进的民主政治的充分实践。2021 年，我国稳居世界第二大经济体，我国经济社会发展具备很多有利条件和积极因素，也面临不少风险和挑战，但仍处于可以大有作为的重要战略机遇期。面对纷繁复杂的国内国际形势和各种风险挑战，以习近平同志为核心的党中央统揽全局、沉着应对，全国上下勠力同心、攻坚克难，国民经济量增质升，"十四五"实现良好开局。就市场经济体制而言，我们的社会主义民主是建立在生产资料公有制的基础上并为广大群众的根本利益服务的。不同于资本主义民主，我们是大多数人的民主，是真实的民主，这是我们党领导下的制度优势，也是我们坚定制度自信的源泉。我们既要正视百年变局和世纪疫情交织叠加、外部环境更加复杂严峻和不确定带来的困难，又要看到我们推动高质量发展、保持经济持续健康发展的信心，还要坚持稳中求进工作总基调，完整、准确、全面贯彻新发展理念，加快构建新发展格局，统筹疫情防控和经济社会发展，统筹发展和安全，着力稳定宏观经济大盘，保持经济运行在合理区间，保持社会大局稳定。

奋进新征程，建功新时代，共同富裕是社会主义的本质要求，是中国式现代化的重要特征。共同富裕是全体人民共同富裕，是人民群众物质生活和精神生活都富裕，不是少数人的富裕，也不是整齐划一的平均主义。实现共同富裕目标，首先要通过全国人民共同奋斗把"蛋糕"做大做好，然后通过合理的制度安排把"蛋糕"切好分好。各个阶段，我们有逐级提高的目标。到"十四五"末，全体人民共同富裕迈出坚实步伐；到 2035 年，全体人民共同富裕取得更为明显的实质性进展；到 21 世纪中叶，全体人民共同富裕基本实现。从革命时期开始，我们党就视人民利益高于一切。党的十八大以来，党中央把逐步实现全体人民共同富裕摆在至关重要的位置，打赢脱贫攻坚战，全面建成小康社会，为促进共同富裕创造了良好条件。实现共同富裕是我们党奋进新征程道路上长期、艰巨且复杂的目标。

新时代的中国，正以其创新性思维和创造性实践，牵动着世界的目光；正以其对全球治理的巨大贡献，透射出走向未来的无限前景。这是一个大国的卓越风范。"中国把自己的事情办好了，对世界而言就是贡献。"踏上新征程，建成 14 亿多人口体量的超大规模现代化强国，中国将改写世界现代化版图，拓展人类现代化途径。这是一个大党的历史担当。放眼中国发展大历史、世界变化大格局、人类发展大潮流，建设富强、民主、文明、和谐、美丽的中国，建设持久和平、普遍安全、共同繁荣、开放包容、清洁美丽的世界谋篇布局。这是中国梦与世界梦息息相通。身处民族发展的最好时期，今天的中国人，对中国式现代化道路有着更深沉的体悟，对人类文明新形态有着更温情的理解，对中国和世界的美好未来有着更坚定的信心。这是每个个体的飞扬神采。我们党正以前所未有的姿态将中国一步步推向伟大复兴。

党的十八大以来，以习近平同志为核心的党中央统揽伟大斗争、伟大工程、伟大事业、伟大梦想，坚持稳中求进工作总基调，出台一系列重大方针政策，推出一系列重大举措，推进一系列重大工作，战胜一系列重大风险挑战，解决了许多长期想解决而没有解决的难题，办成了许多过去想办而没有办成的大事，推动党和国家事业取得历史性成就、发生历史性变革。这是时代的荣耀，也意味着新的使命，我们必须勇于挑最重的担子，啃最硬的骨头。如今迎来我们党的二十大，在奋进新征程、建功新时代的道路上，我们要继续披荆斩棘、勇往直前，向着新时代伟大复兴目标，走好新征程关键每一步。

人生初见，春和景明

光华口腔医学院　　吴倩怡

当我接到配型成功的电话的时候，有一种"啊，终于到我了"的宿命感。

电话带来了陌生患者生的希望，也让我陷入迷茫与无所适从的纠结，兴奋与焦虑在我心里同步蓄积：捐献干细胞对身体有什么伤害？患者是一个怎样的人？我们是否能配对成功？太多的疑问梗在心中，口中却只能讷讷吐出一句"让我想想"。

于是连续一周在课后的空闲时间我漫步到附近医院的走廊，坐看病房的叔叔阿姨换了一批又一批：每天下午6点都有个姐姐来给她的妈妈送汤，不知道今天是椰子煲鸡还是罗汉果猪肺汤；同一层楼最里面的爷爷欢欢喜喜地出院了，又换了一位年轻的小伙子搬了进来；隔壁打针的小朋友天天在哭，陪房的家长满脸憔悴；听护士姐姐说有2个病人转入了重症监护室……走廊里每天都是熙熙攘攘，有人谈论着柴米油盐，有人在低声聊着老家孩子的补习班。万千世界亿万人生在此汇聚，又四散向远方。

这个人间变幻无常，有喜有悲，有欢笑有泪水，有蒙蒙细雨有灿灿暖阳。

一、别人的人间，在我面前

于是无论再怎么自私、冷漠、阴暗或者冠冕堂皇、明哲保身，都无法在生门面前逃避，只能留下最幼稚天真却又勇敢真诚的内核去关心人，去温暖人，去爱人。

因为，生命过分美丽。因为，千山万水之外，大家都拥有同样的日月星辰。

我一直努力让自己跟上时代的脉动，始终铭记"正义、爱心、良知、理性"——它照亮了我们的脸庞，照亮了我们的前路，也照亮了无数的故事——这些故事组成了我们的故事，我们的故事也是中国的故事，"青年"不再是一个空洞的符号，而是一个个具体的人，一个个第一人称，我和我们。这是这个国家向前的步伐。平凡真实的生活中，温暖的个体执拗地站立于每一寸坚实的土地之上，平静、深邃、坚定地对这个国家朗声歌唱，这个梦想如春藤一般爬满了青年人的心间眉宇，无声地生长，直到更多的"我"闪出光亮，更多的"我"热烈燃烧。

二、住院的日子会怎么过

我会一样地吃饭，喝老火靓汤，偶尔做做简单的室内运动，偶尔去医院背后的小花园晒晒太阳，看看乘凉亭上的爬山虎藤叶长得到处都是，太阳暖到自己都想以天为被以地为席直接睡过去。也可能，在天气不好又心境平稳的时候，拿上一本书，静静地在病房里读，静静地等待黄昏。

捐献的过程并没有那么紧锣密鼓、兵荒马乱。临近年关的我，连续5天每天接受2

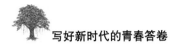

针动员剂。没有什么鬼哭狼嚎的事情，只是有时候会应激性胃痛，有一点点食不下咽。但也终究微微地笑了——这是一个收获幸福的日子，要赶紧抹去浮尘，擦亮生命。

除夕，躺在医院的病房里强忍困意熬到大年三十的尾巴，陪伴的总是年年岁岁的春晚。

"还有一分钟……"陪房的妈妈笑了笑，温和道，"就是冰雪消融的春天了。"

我想起了医院爬满爬山虎的斑驳老墙，想起窗外扑棱而起的白色大鸟，想起血液科的医生姐姐们的温柔以待，想起捐献中心工作人员们的鼓励与探访，想起志愿者们的帮助与陪伴，想起"正义、爱心、良知、理性"的青年人信条。

三、冬天马上就要结束了

不知道我的造血干细胞会存活到一个小妹妹还是大叔的骨髓里，只是希望待到枯树成花时，一如人生初相见，愿春和景明，阳光烂漫，念念君安。

冬奥梦交汇中国梦　奥运精神辉映中国精神
中华民族奏响"一起向未来"的华章

海洋科学学院　陈绮琪

　　2022 年北京冬奥会是第二十四届冬奥会。时隔 14 年，奥运会的举办权再次来到了北京。如果说 2008 年北京奥运会是中国强大起来、走向世界的伟大象征，那一年的我们以高昂的姿态进入国际视野，我们的民族自信达到了一个全新的高度，那么 2022 年的中国正无比自信地站在历史长河中，北京是第一个既举办夏奥会又举办冬奥会的双奥之城，成为历史永不磨灭的又一座里程碑。

　　在世界百年未有之大变局和世纪疫情叠加的背景下，中国能够如期如约成功举办北京冬奥会、冬残奥会，向世界展现当代中国的国家形象，昭示着中华民族将以崭新姿态亮相世界舞台。中华文明与奥林匹克运动再度携手，奏响全人类团结、和平、友谊的华美乐章。体育具有改变世界的力量，举办奥运赛事能够促进社会发展。发展冬季运动推动我国从体育大国向体育强国迈进。举办冬奥会使北京拥有更加完善、更高水平的冬季运动场馆设施，加快了北京张家口地区的经济文化发展。作为世界第一个拥有"双奥之城"称号的北京，经济高质量发展，基础设施建设日新月异，人民生活水平和质量有了新提升，社会文明程度有了新进步。冬奥会释放出来绿色、共享、开放、廉洁的办奥理念，为世界奉献了一届简约、安全、精彩的奥运盛会。

　　冬奥会、冬残奥会的成功举办是新时代中国大国担当、大国责任、大国实力、大国自信的集中体现。在突如其来的疫情面前，中国坚持疫情防控和冬奥筹办"两手抓"，提前完工的竞赛场馆，京张高铁、京礼高速的全线通车等都彰显了大国的远见卓识。①重信守诺展现大国担当。能够如期举办北京冬奥会、冬残奥会，是中国信守诺言、不断自我升华的过程，更是全面向世界展现大国实力、为世界作出新贡献的过程。②绿色低碳诠释大国责任。北京冬奥实施严格的低碳管理，充分利用 2008 年奥运场馆，12 个场馆有 11 个都是就地取材重新改造而成，其中还有 4 个是冬奥史上首次使用二氧化碳制冷剂进行制冰的场馆，质量高且污染少。全部场馆的常规能源都使用绿电，节能与清洁能源车辆占比超八成。③科技创新彰显大国实力。除了在开幕式上数字科技和舞台美学的开创性融合给全球观众带来了一场精彩绝伦的视觉盛宴，在冬奥村中零重力体验的床、智慧餐厅等智能设备也为运动员提供了安全、便利、舒适的居住环境。中国雄厚的科技创新实力贯穿在场馆建设、基础设施、服务保障等方方面面。④文化元素传递大国自信。"二十四节气"倒计时、十二生肖造型的巨大冰鞋、从"迎客松"焰火升腾绽放，到折柳寄情的依依惜别，无不彰显中华民族的文化自信。

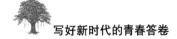

北京冬奥会、冬残奥会的成功举办少不了中国共产党集中统一领导的根本保障，少不了集中力量办大事的制度优势。"冬奥蓝图"一步步变成现实不是靠嘴皮子就能实现的，"我们将兑现承诺，向世界呈现一届简约、安全、精彩的奥运盛会""中国办冬奥、言必信、行必果"，既然我们能够许下诺言，那我们就一定能够做到。为何如此笃定？因为我们有党的领导和举国体制、集中力量办大事的制度优势，能够带领中国人民不断创造新奇迹、书写新辉煌。从防控疫情这方面便能体现，党对人民生命安全和身体健康高度负责的态度。冬奥会接待1.5万余名运动员等重点人员，三个赛区医疗工作者坚守岗位，数万名志愿者敬业奉献。制度优势还优在助力冬奥的人才培养，选派业务骨干到境外参与观察员项目，统筹实施数百个通用、专业、场馆和岗位培训项目。参赛项目从55个小项增加到109个。中国冰雪队伍在短时间注入大量新鲜血液，是中国制度优势最生动的体现。冬奥会后，亿万中国人参与冰雪运动，促进不少相关行业的发展，众多室内冰场落户一线城市。正如国际奥委会主席巴赫所说，从世界范围来看，冬季运动的时代可以划分为北京冬奥会前后，因为3亿人参与冰雪运动，将为冰雪运动开启新时代。

北京冬奥会增强了我国软实力和国际影响力的同时，也进一步弘扬了奥林匹克精神。北京冬奥会、冬残奥会成功举办的体育精神与中国精神相结合，给广大青年注入了青春活力，令当今社会的精神风气与时俱进、昂扬向上。习近平总书记指出"体育精神是中国精神的一个缩影。这种拼搏精神恰恰是我们这个时代的一种体现"。谷爱凌在已能稳拿自由式滑雪大跳台奖牌的情况下，突破自我，挑战新动作，并最终获得了金牌；单板滑雪坡面障碍技巧选手苏翊鸣战胜偶像，摘得银牌，同时面对裁判失误和打分争议，坦然接受，尽显大将风度；冰壶混双赛场上，中国组合不敌美国队，但赛后还向对手赠送了"冰墩墩"奥运纪念徽章，表达运动员之间的友谊。赛场上选手们奋勇争先、挑战自我的拼搏精神，赛场外的志愿者、工作人员辛勤付出、热情服务的奉献精神，让更多人看到一个自信自强的中国，一个朝气蓬勃的中国，一个民族凝聚力强大的中国。

北京冬奥会、冬残奥会的成功举办，也是我国对"构建人类命运共同体"的有力响应。体育是人类共同的语言，不仅可以提高健康水平，还能促进各国人民相互了解、交流和友谊。"一起向未来"的口号所凝聚起的磅礴力量，折射出我们国家对美美与共、合作共赢的万千气象的向往与追求。这次冬奥会、冬残奥会的开闭幕式惊艳了世界，将中国传统文化融入其中，处处彰显中国自信、中国气度和中国底蕴。开幕式上的"冰雪五环"破冰而出，寓意着打破隔阂、互相走进、大家融为一体。以一簇"微火"作为主火炬，正是以"中国方案"解答时代命题、构建人类命运共同体的生动诠释。

冬奥梦交汇中国梦，奥运精神辉映中国精神。在这次盛会上，中国运动员勇夺冬奥会9枚金牌、15枚奖牌和冬残奥会18枚金牌、61枚奖牌，他们不但创造了历史佳绩，更创造了一份无愧于祖国、无愧于人民、无愧于时代的光辉业绩。冬奥圆梦，中华民族在向着第二个百年奋斗目标迈进的新征程上树立一座里程碑。带着难以忘怀的冬奥盛会的精神、信心与勇气，我们一起迈向未来！

为有牺牲多壮志，敢教日月换新天

中山医学院　彭　粤

"从上海石库门到嘉兴南湖，一艘小小红船承载着人民的重托、民族的希望，越过急流险滩，穿过惊涛骇浪，成为领航中国行稳致远的巍巍巨轮。"这是习近平总书记发表的 2021 年新年贺词中的话。百年征程波澜壮阔，百年初心历久弥坚。2021 年 7 月 1 日，习近平总书记发表了《在庆祝中国共产党成立 100 周年大会上的讲话》。在讲话中，习近平总书记深刻地回顾了百年来中国共产党走过的光辉历程，并对中华民族的伟大复兴光明前景提出了展望。

整篇报告气贯长虹、一气呵成，向我们展现了中国共产党 100 年来的奋斗历史与中国未来的光辉画卷，完美诠释了中国共产党"为有牺牲多壮志，敢教日月换新天"的气势与雄心。

跟随着习近平总书记的讲话内容回顾中国共产党的百年历史，我们可以明白为什么说要坚持中国共产党的领导、坚持为人民服务、坚持推进马克思主义中国化，中国共产党"为有牺牲多壮志，敢教日月换新天"的底气是从何而来的。

1840 年鸦片战争的开始，标志着西方列强暴力打开中国的大门，成为中国近代史的开端。在此期间，无数仁人志士寻求改变中国半殖民地半封建社会的性质，包括洋务运动的封建主义代表、戊戌变法的维新派、辛亥革命的资产阶级共和派。然而，尽管这些党派对中国的历史发展起到了或多或少的推动作用，却始终没能完成中国近代社会的根本任务，没能改变中国半殖民地半封建社会的性质。直到 1921 年，中国共产党成立，这虽然是一个只有 50 人左右的小党派，却能带领人民群众，代表无产阶级利益。随着党派的不断壮大，中国共产党成功地带领人民群众取得中国新民主主义革命的胜利，建立起中华人民共和国，并积极进行社会主义建设。在此期间与人民群众的良性互动，创下了"胜利是人民群众用小推车推出来的"淮海战役、"从安徽凤阳县小岗村农民起步"的农村改革等佳话。

中国共产党始终坚持以人为本，并积极将马克思主义同中国具体实际相结合。比如毛泽东思想并不是机械照搬马克思主义和苏联的胜利经验，而是意识到中国农民人口众多，与苏联工人多的情况不同，从而提出"农村包围城市、武装夺取政权"的理论；再比如邓小平理论中反对将资本主义与市场经济画等号，将社会主义与计划经济画等号，提出市场经济与计划经济都是经济手段，意识到当时中国生产力与生产关系不匹配的事实，创造性提出中国特色社会主义市场经济的理论。凡此种种，都表现了中国共产党的勃勃生机，勇于联系中国实际地利用马克思列宁主义。

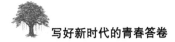

党的十八大以来，以习近平同志为核心的党中央擘画了中华民族复兴的宏伟蓝图。党的十九大作出了中国特色社会主义进入了新时代这一重大政治论断，对我国社会主要矛盾作出新表述：人民日益增长的美好生活需要和不平衡不充分的发展之间的矛盾。人民的美好生活需要不仅在物质文化生活方面，更在民主、法治、公平、安全、环境等方面有了更高要求；我国社会生产力水平总体上也显著提高，更突出的问题是发展的不平衡不充分。这些论断都是基于中国共产党员们深刻联系社会实际，逐步摸索社会现状，一步一个脚印，力争做到马克思主义中国化时代化，踏踏实实地探索出来的。除此之外，坚持和发展中国特色社会主义的总任务、坚持"五位一体"总体布局、"四个全面"战略布局、加快国防军队现代化、坚持大国外交政策等都是以习近平同志为核心的党中央提出的。更加振奋人心的是，党的十八大报告中首次正式提出全面建成小康社会，曾经发展不平衡、不充分的社会一去不复返了。而全面小康的建设期间，更是无数共产党员走遍山川地域，来到贫困村、贫困县中探索当地实情，将马克思主义原理因地制宜，探索出适合地区发展的脱贫措施的过程。共产党员们不仅有着"为有牺牲多壮志，敢教日月换新天"的豪迈英雄气概，更有着"俯首甘为孺子牛"的实干精神。

习近平总书记在讲话的最后，还提到了对中国青年的期盼。一百年前，新青年们高举马克思主义旗帜探寻救国救民新出路的场景仿佛历历在目。未来属于青年，希望寄予青年。习近平总书记提出："历史和现实都告诉我们，青年一代有理想、有担当，国家就有前途，民族就有希望，实现我们的发展目标就有源源不断的强大力量。"新时代中国青年也处在中华民族发展的最好时期，既面临着建功立业的人生际遇，也面临着"天将降大任于是人"的时代使命。如何成为"立大志、明大德、成大才、担大任"的人，不负党和人民的期望，成为担当民族复兴重任的时代新人，更是我们这一代青年需要学习、思考的课题。

站在新的历史起点，内心无比激动澎湃。习近平总书记在庆祝中国共产党成立100周年大会上的讲话，更像是一场心灵的洗礼，告诫我们要拿出"功成不必在我，功成必定有我"的精神气概，努力学习中国共产党员"为有牺牲多壮志，敢教日月换新天"的精神。相信在2049年，中国必定能够建成富强、民主、文明、和谐、美丽的社会主义现代化强国。

踏平坎坷成大道，斗罢艰险又出发

——中国共产党阔步迈向新征程

政治与公共事务管理学院　张腾跃

党的十九届六中全会审议通过的《中共中央关于党的百年奋斗重大成就和历史经验的决议》指出，"中国共产党自一九二一年成立以来，始终把为中国人民谋幸福、为中华民族谋复兴作为自己的初心使命，始终坚持共产主义理想和社会主义信念，团结带领全国各族人民为争取民族独立、人民解放和实现国家富强、人民幸福而不懈奋斗，已经走过一百年光辉历程"。中国共产党自诞生之日至今，从历史逻辑到未来方向阐述了清晰明澈的发展路径，刻画了曲折前进的生命脉络，谱写了壮美瑰丽的民族华章。

听党指挥，能打胜仗。回首中国共产党带领中国人民的奋斗征程，便是一部饱含血泪的奋斗史。习近平总书记强调，"中国人民自古就明白，世界上没有坐享其成的好事，要幸福就要奋斗"。从抗日战争的"烽烟滚滚唱英雄"，到抗美援朝战争的"何须马革裹尸还"；井冈山革命斗争精神振聋发聩，伟大长征精神永放光芒。到新时代"我们就是祖国的界碑，脚下的每一寸土地，都是祖国的领土""清澈的爱，只为中国"。英雄的中国人民解放军，发端于南昌起义，奠基于三湾改编，定型于古田会议；始终以党的旗帜为旗帜、以党的方向为方向、以党的意志为意志，展现出了绝对忠诚、绝对纯洁、绝对可靠的精神品格。

国之大者，人民至上。2020年，新冠肺炎疫情席卷全球，中国共产党把人民群众的生命安全放在根本地位，总揽全局，统筹工作，领导全体人民以举国之力，上下一心团结抗疫，为疫情防控争取了宝贵时间，为全球抗疫积累了珍贵经验。习近平总书记夜不能寐，亲自研究、部署和动员抗疫工作，亲赴疫情主战场跟进工作。截至2021年5月31日，中国已向全球供应了累计20余亿剂次的疫苗，成为全世界抗疫贡献最突出的国家。中国秉持"人类命运共同体"的团结合作意识，在严峻的抗疫大考面前，充分彰显了中国特色社会主义制度的巨大优越性和以习近平同志为核心的党中央的坚强领导。

改革创新，积极有为。中国共产党始终把保障和改善民生、维护社会公平、增进人民福祉当作工作的根本遵循。近年来，中国政府不断深入推进"放管服"改革，并于2022年提出，立足于建立高标准市场体系，加快建设全国统一大市场。要素市场得以充分流动、高效利用，良性竞争促进精细化分工、提升工人效率；简政放权走向纵深，催生企业科技创新的动力，加速了新经济新业态新模式的涌现；国内国际市场得到互联互通，企业活力得到积极恢复，政府经济治理能力得到大幅提升。此外，中国共产党始

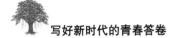

终作为全国人民的主心骨，高举人民民主的旗帜，为百姓谋幸福、为人民谋安康。社会保障事业持续纵深发展，社会保障精细化管理，医疗、养老行业不断得到高质量发展和法治化完善。以习近平同志为核心的党中央坚持以人民为中心，坚持"发展为了人民、发展依靠人民、发展成果由人民共享"，使人民老有所医、老有所养、老有所依、老有所乐。

休戚与共，合作共赢。习近平总书记在博鳌亚洲论坛上发表主旨演讲，强调人类是休戚与共、风雨同舟的命运共同体，任何搞孤立的单边主义和保护主义都会自寻灭亡。各国要顺应历史大势，精诚合作，平等交流，"对话而不对抗，包容而不排他"，同心合力，和衷共济，共同发展。中国共产党的百年奋斗历史经验已然佐证：团结一切可以团结的力量，最大限度凝聚起共同奋斗的力量，党和人民的事业方能行稳致远。

中国制造，工匠精神。习近平总书记在首届大国工匠创新交流大会上强调，勤学苦练、深入钻研、勇于创新、敢为人先的工匠精神是我们中华民族世世代代传承的财富密码，是广大劳动群众创造创新成果的源泉。提高技术技能水平，充分发挥技术工人队伍力量，表彰宣传创新才智的模范人物榜样，更好推动高质量发展、建设制造强国的发展，更好地助力实现社会主义现代化国家的建设目标，更好地引领全球制造业体系先进水平。

文明精神，野蛮体魄。刚刚过去的北京冬奥会、冬残奥会为世界呈现了一届精彩纷呈的体育盛会，尽显体育竞技的激情。中国奥运健儿凝心聚力、团结奋斗，为国家争取荣光而踔厉奋发、昂扬向上的体育精神更是深深触动了每一个中国人内心对祖国的热爱之情。习近平总书记早在申办冬奥会时就曾提出，这次办冬奥会的最大目的，就是带动3亿人参与冰雪运动。经过不懈努力，这一愿景顺利实现。北京冬奥会所引起的全民体育健身潮流正引领着和平、团结、逐梦、尊重等体育精神与冬奥精神，是冬奥遗产充分涌流的有力证明。发掘体育人才、弘扬体育精神、建设体育强国，承载着国家强盛、民族振兴的梦想，更关乎人民长足幸福、关乎民族长远未来。党中央高度重视国民尤其是青少年群体的体育教育，已经构建起日臻完善的教育、培养和保障体系。

民族复兴，科技自强。新时代青年肩负着实现中华民族伟大复兴的历史重任，承担着迎接党和国家重返世界之巅的光荣使命，扎实学好理论，锤炼过硬本领，心怀国之大者，在大是大非面前认得清局势，作出有利于国家与集体的取舍。习近平总书记在庆祝中国共产党成立100周年大会上指出："未来属于青年，希望寄予青年。"大力弘扬科学家精神，年轻的科研工作者要潜心坐足十年冷板凳，重视基础科学研发对于转化社会生产力的作用，勇攀世界科技高峰，心系祖国和人民，无私奉献，行而不辍。光明的未来和曲折的道路相伴相生，广大青年将传承赓续革命前辈未竟的事业，让红色故事世代相传，让红色基因永续相承，代他们去到未去的远方，燃烧未亮的星空。相信那一抹中国红终将普照辽阔世间。

立足百年新起点，昂首迈向新征程。试看未来之中国，必将以更加伟岸的身姿，巍然屹立于世界民族之林；试看未来之环球，必是赤旗之世界！

中国共产党"赶考"精神的价值追寻

马克思主义学院　梅珂英

1949 年中共中央离开西柏坡前往北平建立新中国，毛泽东称之为"进京赶考"。2013 年习近平总书记来到西柏坡，强调"赶考"远远没有结束，习近平总书记指出："从实现'两个一百年'奋斗目标到实现中华民族伟大复兴的中国梦，我们正在征程中。'考试'仍在继续，所有领导干部和全体党员要继续把人民对我们党的'考试'、把我们党正在经受和将要经受各种考验的'考试'考好，努力交出优异的答卷。""赶考"是中国共产党人对执政实践的形象比喻，从"进京赶考"到"'赶考'远未结束"，深刻展现了中国共产党与时俱进的执政态度和居安思危的忧患意识，昭示了党始终为民的价值选择和一往无前的进取精神。从价值层面分析，中国共产党"赶考"精神包含着始终坚持以人民为本的价值生成逻辑，从实际出发、与时俱进的价值实践逻辑和永远在路上、永不懈怠、开拓进取的价值发展逻辑。深入追寻和阐发中国共产党"赶考"精神的价值蕴涵，对于推进新时代治国理政的新实践具有重大而深远的意义。

一、以人民为本的价值生成逻辑

全心全意为人民服务是党的宗旨，为人民谋幸福是中国共产党"赶考"的价值依据和逻辑起点。"赶考"是中国共产党人对执政实践的形象比喻。随之而来的"赶考"精神饱含着中国共产党执政为民的根本理念、居安思危的忧患意识、永不懈怠的进取精神和艰苦奋斗的作风要求、面对考验主动迎战的必胜信念等丰富内容。这是激励无数中国共产党人不断奋进的强大动力。习近平总书记在庆祝中国共产党成立一百周年大会上强调，中国共产党根基在人民、血脉在人民、力量在人民；在新的"赶考"路上，必须紧紧依靠人民创造历史，站稳人民立场，践行以人民为中心的发展思想。

1945 年，黄炎培在延安的窑洞里与毛泽东关于"历史周期律"的探讨被传为佳话。中国共产党如何跳出"其兴也勃焉，其亡也忽焉"的"历史周期律"？毛泽东曾坚定地回答，我们已经找到了一条新路，这条新路就是"民主"，"只有让人民来监督政府，政府才不敢松懈；只有人人起来负责，才不会人亡政息"。在西柏坡时期，毛泽东把即将执掌全国政权比喻为"进京赶考"，要求全党戒骄戒躁，时刻牢记"两个务必"，在历史转折的重要关头，给人民交上了一份满意的答卷。党的十八大以来，以习近平同志为核心的党中央在新"赶考"征程中，始终坚持"人民群众对美好生活的向往就是我们的奋斗目标"，人类命运共同体的构建、中国梦的提出等，都彰显了中国共产党始终坚持以人为本为民担当的价值生成逻辑。

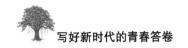

二、从实际出发的价值实践逻辑

一切从实际出发，是马克思主义政党的真理观和价值论。中国共产党始终坚持实事求是，用实际行动准确回答历史的考题，找到发展的道路，"赶考"的过程就是中国共产党不断接受历史检验、用行动诠释和彰显执政价值理念、实现"打铁自身硬"、交出让历史和人民群众满意答卷的过程。社会在不断发展变化，各种问题层出不穷，作为长期执政的党也面临着更多的风险与挑战。一方面，外部环境的变化，要求我党能够时刻保持清醒头脑，不断提高自身的执政能力，不断回应社会与民众的需求，才能继续得到人民的广泛拥护与支持；另一方面，我党保持了相当长时期的执政地位，党内逐渐滋生僵化、腐败现象。"流水不腐、户枢不蠹。"只有保持强烈的自省意识，不断加强党内的法治与制度建设，才能使党永葆其纯洁性与先进性。

党的十八大以来，以习近平同志为核心的党中央从治国理政的战略高度上布局实施，不断增强党应对"四个考验"、防范"四个危险"的能力。把全面从严治党纳入"四个全面"战略布局，领导全党进行伟大的自我革命，从严管党治党，深入推进党风廉政建设和反腐败斗争，不断提高党的执政能力和执政水平。时刻保持着"赶考"的清醒和坚定，经受住了历史的考验，得到了人民群众的衷心拥护，使党始终成为中国特色社会主义的坚强领导核心。

三、永远在路上的价值发展逻辑

革命者永远是年轻的，中国特色社会主义千秋伟业永远在路上。进入新时代，面对新的历史课题，中国共产党率领中国人民在推进中华民族伟大复兴的历史进程中，永不懈怠，开拓进取，不断努力丰富和完善价值实现的基本逻辑。从"赶考"精神的时代实践来看，中国共产党从为中国革命找到正确的道路，到为新中国的建立做好物质上和心理上的各种准备，然后探索找到适合中国国情的社会主义建设道路，进而广泛汲取世界各国发展经济的全新理念和有效机制，推动中国不断提升综合国力，在新时代着力树立良好的大国形象，既遵从现行国际行为准则又在推动实现更加合理的国际秩序格局过程中发挥更大影响力。中国共产党面对新情况、新问题始终保持战略定力，统筹国际国内两个大局，制定中国的近期和中长期民族伟大复兴战略规划，充分考量中国的"软力量"和"硬实力"同步提升，在积极应对重大疫情与国际国内两大变局相互交织的复杂局面等方面接受着人民的考验。历史的车轮不断向前，执政"赶考"也具有不断发展的时代性。中国共产党"赶考"精神的价值发展逻辑，要求我们运用辩证思维、系统思维、战略思维、法治思维、底线思维和精准思维等来思考面临的各种新考题。

"时代是出卷人，我们是答卷人，人民是阅卷人。"赶考，永远在路上。从建立新中国开始凝聚生成的赶考精神，在中国共产党团结带领人民建设伟大祖国的奋斗实践中不断丰富和发展。一代代共产党人常怀"赶考"的忧患意识，牢记"赶考"的责任意识，坚持"赶考"的作风要求，秉承"赶考"的必胜信念，为实现伟大梦想、进行伟大斗争、建设伟大工程、推进伟大事业提供精神动力和思想智慧。正如党的创始人之一和第一代杰出领导人之一的董必武同志诗云:"遵从马列无不胜,深信前途会伐柯。"我们深信,坚持中国共产党百年历史所昭示的"赶考"精神和逻辑,中华民族实现伟大复兴的理想一定会"伐柯伐柯,其则不远"。

明晰科技自立自强发轫理路　奋力赶考民族复兴伟大征程

马克思主义学院　潘梦启

2021 年 11 月，党的十九届六中全会通过的《中共中央关于党的百年奋斗重大成就和历史经验的决议》指出，十八大以来，"党坚持实施创新驱动发展战略，把科技自立自强作为国家发展的战略支撑"。科技自立自强成为我国新征程发展路线的总体研判，既是保证国家科技和经济安全的必要之举，也是塑造未来科技竞争优势的内在支撑。尤其是像中国这样的科技大国，在国际环境波谲云诡的当下，如果科技不自立，将时刻受制于人；如果不自强，就没有内外联动的基础。科技自立自强这一战略支撑的提出并非无源之水、无本之木，而是创新理论、精神标识、思想演变和发展大势的有机统一。

首先，科技自立自强是对马克思科技创新理论的延续与发展。马克思科技创新思想是随着对政治经济学的研究、唯物史观的阐发和革命实践活动的推进，从萌芽走向成熟和深化的社会历史发展的产物。虽然马克思的科技创新思想当中贯穿着科技异化观点，但科学技术是推动社会进步的有力杠杆这一观点毋庸置疑，主要体现在提高社会生产力和变革生产关系两个层面。马克思在《哲学的贫困》与《雇佣劳动与资本》当中肯定了农业和工业领域的技术创新对生产力的促进作用，"更细地分工，更全面地应用和经常地改进机器是增加劳动生产力的首要办法"。在《机器、自然力和科学的应用》中，马克思明确提出"生产力中也包括科学""科学的力量是不费资本家分文的另一种生产力"。在《共产党宣言》中，马克思强调"资产阶级在它的不到一百年的阶级统治中所创造的生产力，比过去一切世代所创造的生产力还要多，还要大"。再者，马克思直接表明科技创新在变革生产关系中的作用。他曾形象地指出："手推磨产生的是封建主的社会，蒸汽磨产生的是工业资本家的社会。"正是科学技术的持续进步深刻影响和改变着人们的生产和生活方式，人类文明形态实现由低级到高级的演变。马克思从生产力发展视角来阐释的科技创新理论，正是新时代推进科技自立自强的理论基因，二者的价值旨归是高度契合的。

其次，科技自立自强是对自力更生这一精神标识的提炼升华。翻开中华民族五千年文明史，一条凝重清晰的生命线跃然纸上——自力更生、艰苦奋斗，这是中华民族不断的根、不灭的魂。"天行健，君子以自强不息；地势坤，君子以厚德载物。"从古至今，无数仁人志士和英雄豪杰在这一民族精神的激励下追求真理、保家卫国，使得伟大的中华民族生生不息、巍然屹立，使得灿烂的中华文明延续至今。正如习近平总书记所言："自力更生是中华民族自立于世界民族之林的奋斗基点。"在远古的传说和历史中，面对"洪水"，西方人民大多选择逆来顺受，不断迁徙。而我国古代先民相信人定胜天，凭借着自力更生、艰苦奋斗的精神，克服治水困难并掌握了独有的农田灌溉排水技术，开辟了中华大地的沃土。由于生存和生活需要，伏羲氏发明了"结网技术"，燧人氏发明了"钻木取火"，神农氏发明了农业、创制了"耒""耜"、发现了药材，嫘祖发明"蚕丝"等。唐宋时期，火药和印刷术的发明进一步推动了人类科技发展；通过改善耕作工具和兴修水利提高了粮食产量；造纸业和纺织业的兴起大大推动了社会进步。简言之，自力更生的奋斗意识在我国古代历史的回音中不断得以提炼升华，新时代推进科技自立自强与中华民族自力更生的精神标识正是一以贯之、一脉相承的。

再次，科技自立自强是对建党百年科技思想演变的深刻镜鉴。中国共产党作为马克思主义执政党，百年征程中始终坚持"科技是最高意义上的革命力量"，在救治、改造和发展中国过程中发挥着关键作用。新民主主义革命时期，中国共产党人初步阐释若干马克思主义科学学说的基本观点，开始萌发科技救国的理性自觉。1965 年，邓小平同摩洛哥共产党代表团举行会谈时指出："自力更生，并不是不同国际接触，任何问题都完全由自己解决，而是主要靠自己。"这一时期，独立自主、自力更生是中国共产党人科技思想的主基调。改革开放之后，中国由革命范式转变为发展范式，"科学技术是第一生产力"的提出是科技事业由乱到治、由衰到兴的"拐点"。进入 20 世纪 90 年代之后，科技成果转化率低、关键技术自给率低、自主创新能力不强成为时代难题。1995年，江泽民在全国科学技术大会上强调："如果自主创新能力上不去，一味靠技术引进，就永远难以摆脱技术落后的格局。"自主创新便是这一时期中国共产党科技创新思想的主旋律。进入新时代，我国面临更加激烈的大国博弈和科技竞争，科技创新成为赢得发展主动权、塑造发展新优势的关键变量。2020 年，习近平总书记在党的十九届五中全会上强调："坚持创新在我国现代化建设全局中的核心地位，把科技自立自强作为国家发展的战略支撑。"历经百年征程，党的科技认知更加深刻、科技思想更加系统，为新时代推进科技自立自强提供了深刻镜鉴。

最后，科技自立自强是对国内国外科技发展大势的深层洞见。新时代推进科技自立自强是科技大势所趋、国际形势所迫、民族复兴所需。"察势者智，驭势者赢。"从科技发展大势看，科技创新的广度和深度进一步拓展，在新一轮科技革命和产业革命影响下，全球创新版图正在重构、经济结构正在重塑。唯有加快推进科技自立自强，才能塑造未来科技战略优势。从外因看，近些年来发展中国家的科学技术突飞猛进，正在接近世界前沿水平，发达国家为了保持自己在科技创新和国际分工领域的优先权和主动权，开始对发展中国家进行技术封锁，甚至会通过各种手段减缓其科技创新的步伐。如《瓦森纳协定》、"沃尔夫条款"，特别是美国政府频繁发动针对我国科技型企业关键核心技术及核心零部件的技术禁运活动，遏制我国科技进步。只有推进科技自立自强，才有利于防范化解经济、社会、政治等重要领域的重大风险。从内因看，我国正处于新发展阶段的起步时期，能否构建现代化高质量经济体系，满足国内大循环发展新战略，关键取决于科技创新能否取得实质性进展。尤其在新冠肺炎疫情下，稳定和维护我国产业链、供应链安全势在必行。因此，百年未有之大变局中，我们比过去任何时候都需要利用科技创新这一关键变量推进科技自立自强，培育新动力、新模式和新优势，抢占未来科技发展的战略制高点。只有这样，才能够淡定自若面对国际风险挑战，轻松跨跃国内"创新鸿沟"。

科学看待我国当前经济发展三重压力

马克思主义学院　方太坤

2021 年底召开的中央经济工作会议要求，2022 年我国经济工作要稳字当头、稳中求进，着力稳定宏观经济大盘，保持经济运行在合理区间。2022 年《政府工作报告》指出，今年我国国内生产总值的预期增长目标为 5.5% 左右，要把稳增长放在更加突出的位置。2022 年 4 月 18 日，我国今年首季经济数据公布，主要经济指标增速基本稳定，宏观经济总体运行在合理区间，经济发展总体延续前期恢复态势。但是我国经济发展仍然面临需求收缩、供给冲击、预期转弱三重压力，加之近期国际地缘政治风险不确定性增强、输入性通胀压力进一步上升、局部地区疫情散点多发等多重因素影响，我国经济下行压力进一步加大。在此背景下，如何科学看待当前我国经济发展三重压力，对于回应大众关切，稳定大众关于我国经济发展的心理预期，增强大众对我国经济发展的自信心，具有重要现实意义。

客观阐明当前我国经济发展三重压力的现实表现是科学看待这一问题的前提和基础。首先，我国当前经济发展面临需求收缩压力。在宏观经济中需求分为国内需求和国外需求，国内需求包括消费需求和投资需求，国外需求是指商品或劳务的出口或输出。从国内需求来看，我国一季度社会消费品零售总额和固定资产投资均保持正增长，但是和去年同期增速相比明显有所下降。特别是自 3 月国际局势紧张和国内局部地区出现疫情以来，我国需求收缩有所增加，其中 3 月我国社会消费品零售总额同比下降 3.5%，环比下降 1.93%，3 月份我国固定资产投资（不含农户）环比仅增长 0.61%。从国外需求来看，一季度货物出口总额保持正增长，但是同比增速有所放缓，加之海外疫情形势严峻和运输通道不畅等影响，我国出口面临较大压力。

其次，我国当前经济发展面临供给冲击压力。供给冲击压力主要来源于科技、大宗商品、能源以及物流运输有效供给四个方面。从科技供给方面来说，我国经济发展目前还面临诸多"卡脖子"技术难题，特别是工业生产领域的部分核心零部件以及数字经济发展中的部分关键数字技术等，在这方面我国对西方发达国家存在一定程度的依赖，若不努力实现科技自给自强，这种依赖将始终是我国部分产业链供应链断裂的潜在风险因素。从大宗商品供给来说，2022 年以来，特别是受俄乌战争影响，国际大宗商品价格高位运行，天然气、石油、金属锂、镍、煤炭等工业原料以及小麦、大豆、玉米等农产品价格纷纷上涨，对国内企业生产成本造成较大冲击。从能源供给方面来说，我国围绕"碳达峰和碳中和"目标，不断推动能耗"双控"行动，这对我国在能源转型期的能源供给造成了一定程度的限制，与此同时能源企业由于转型升级和生产所需原材料供应短缺及其成本压力使得能源的稳定供给受到一定影响。从物流运输供给来看，受多地疫情防控影响，我国部分地区，特别是部分东部沿海经济发达地区物流不畅，导致国内外诸多产业链、供应链受到较大影响，在一定程度上影响了经济循环。

最后，我国当前经济发展面临预期转弱压力。一是房地产行业作为原来拉动经济的支柱产业在"房住不炒"的政策调控下失去了强劲发展动力，而替代房地产拉动经济增长引擎的新支柱产业又没有完全形成，从而使人们的经济增长预期有所减弱。二是受外围环境影响我国金融市场波动下行，导致金融对实体经济的服务功能有所减弱，从而使人们的经济预期有所降低。三是局部地区发生疫情使供应链时有中断，相当一部分中小微企业和个体工商户因疫情和生产原材料供应困难停工停产或耽误生产，从而减弱了人们的经济预期。

当前除了经济下行三重压力之外，还有诸如疫情、地缘军事政治、外部经济形势等可能出现的国内外超预期变化影响叠加因素，这些因素共同导致我国当前经济下行压力进一步增大。

当前我国经济发展三重压力具有阶段性和特殊性。习近平总书记指出，我国经济经过长期发展已经进入新常态，在新常态下，我国经济发展的主要特点是：增长速度要从高速转向中高速，发展方式要从规模速度型转向质量效率型，经济结构调整要从增量扩能为主转向调整存量，做优增量并举，发展动力要从主要依靠资源和低成本劳动力等要素投入转向创新驱动。这些变化，是我国经济向形态更高级、分工更优化、结构更合理阶段演进的必经过程。在这个过程中，经济发展的需求收缩、供给冲击、预期转弱压力是经济发展新常态中必然会出现且必须解决的客观问题。新常态的"常"字就体现了这三重压力的阶段性，而新常态的"新"字则表现了这三重压力存在于当前阶段的特殊性。这三重压力是在我国特定生产力发展水平和时代条件下所产生的，并不会普遍存在于我国经济发展的长期过程。当前，进一步加大的三重压力也是新的国内外因素叠加影响使然，同样具有一定的特殊性和暂时性。从我国经济发展更长的时间维度来看，我国经济发展面临的三重压力只是我国经济长阶段发展中的一个小阶段性问题，而这个阶段也是我国经济迈向更高水平发展阶段的必经阶段。在这个阶段中，我国经济发展三重压力除了受阶段性中长期大气候因素叠加影响外，还受阶段性短期小气候因素叠加影响，当前三重压力明显加大就是受后一种风险因素影响的表现。但是这种影响是在特定范围内可控的影响，并不足以成为我国经济发展的持续性限制因素，虽然当前三重压力使我国经济发展要在短期内爬坡过坎走一段较为曲折的道路，但是从长期来看其前途一定是光明的。

我国拥有多重有利条件促进经济稳中求进增长。尽管我国当前经济面临较大下行压力，但我国 2022 年一季度 GDP 同比增长 4.8%，好于市场预期，经济总体运行在合理区间，经济发展总体保持稳中向好的势头。我国经济发展仍处于重要战略机遇期，长期向好的基本面没有变，经济韧性和活力强。因此，我们要坚定信心，迎难而上，看到我国经济发展。我国经济稳定和增长具有诸多支撑和推动力量。

第一，党的坚强领导是促进经济稳中求进增长的最根本保障。中国特色社会主义最本质的特征是中国共产党领导，中国特色社会主义制度的最大优势是中国共产党领导。2022 年召开的党的二十大是党和国家政治生活中的一件大事，保障经济民生也是国家

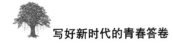

政治经济生活的一件大事，在以习近平同志为核心的党中央的集中统一领导下，党和政府一定能统筹协调各方力量和资源，利用一切可以利用的手段稳定经济、促进增长、保障民生，推动我国经济发展不断迈上新台阶。第二，我国制度和治理体系具有显著优势，我国政府拥有丰富有效的抗疫经验，在坚持疫情防控"动态清零"总方针不动摇的基础上，能够高效防控疫情，为经济活动创造安全通畅的社会环境。第三，我国拥有较为宽松的政策供给空间和实施条件，我国政府拥有可预期的政策储备，能够适时超前出台有利于经济发展的积极财政政策和稳健货币政策，以及各类符合市场主体需要的有效微观经济政策，帮助市场主体纾困解难、刺激消费内需恢复、促进金融市场稳定，推动经济稳中求进增长。第四，我国拥有涵盖 14 亿人口的超大规模需求市场，消费潜力足，在稳疫情、稳就业的基础上配合需求刺激，能够极大释放社会消费对经济增长的拉动力量。第五，我国政府拥有雄厚的财政资金，能够大力支持并适时超前开展传统和新型基础设施有效投资建设，为宏观经济稳定和增长提供可靠压舱石。第六，我国拥有世界上最为健全的工业体系和强大的商品供给能力，我国政府拥有过硬的市场秩序治理和维护能力，能够及时回应社会关切、引导社会预期、规范市场秩序，协调各方促进商品供需动态平衡，特别是促进重要民生商品和能源的保供稳价，为经济稳中求进增长提供社会信心和健康有利的生产生活条件。

忆百年党史奋进新征程

法学院　杨雨欣

中国共产党自诞生以来，已经走过了百年的奋斗历程。一百多年间，党领导人民进行了新民主主义革命、社会主义革命以及社会主义现代化建设，取得了历史性成就，彰显了中国特色社会主义的强大生机活力。习近平总书记在党史学习教育动员大会上发表重要讲话，阐述党史学习教育的重大意义，对党史学习教育进行全面动员和部署，强调在全党开展党史学习教育要务求实效，要注重用党的奋斗历程和伟大成就鼓舞斗志、明确方向。本文将从这三个方面进行感悟阐述。

一、党史学习教育的意义

首先，开展党史学习教育是推进中华民族伟大复兴历史伟业的必然要求。中华民族曾以自己的勤劳智慧创造出璀璨的物质文明和历史文明，直到 19 世纪中叶，英国以鸦片和炮舰打断了中国社会的发展进程，中国逐步沦为半殖民地半封建国家，中华民族陷入苦难和屈辱，遭受了外国资本——帝国主义和本国封建主义的双重压迫。由此，中华民族需要面对两大历史任务：实现民族独立和人民解放以及实现国家富强和人民富裕。

辛亥革命最先拉开近代民族民主革命的序幕，五四运动后，工人阶级的成长和壮大使得中国共产党应运而生。中国共产党作为中国工人阶级的先锋队以及中国人民和中华民族的先锋队，带领人民先后经历土地革命、抗日战争以及民主革命，最终建立起中华人民共和国，实现了民族独立和人民解放。

此后，党领导团结人民探索中国自己的建设社会主义的道路，取得了巨大成就。工业建设方面，电子工业、石油化工、原子能、航天等一批新兴工业逐步建设起来，初步改善了工业布局，形成有相当规模和一定技术水平的工业体系[①]；科技发展方面，成功爆炸第一颗原子弹，导弹和人造卫星的研制也取得突破性进展，从而提高了国家的国际地位，为国家的富强打造了良好的基础。在此基础上，党带领人民用 40 多年的时间进行改革开放，极大解放了生产力，经济持续增长，全面建成小康社会取得伟大的历史性成就，如期打赢脱贫攻坚战，真正实现了国家富强和人民富裕。

中华民族伟大复兴曙光在前、前途光明，但也面临着危机和挑战。通过党史学习教育，我们可以更清醒地认识到当代中国所处的历史方位，了解党曾面临的严峻挑战以及

---

① 中共中央党史研究室：《中国共产党简史》，人民出版社、中共党史出版社 2021 年版，第 53 页。

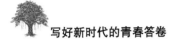

作出的伟大贡献，这也激发了我们实现中华民族伟大复兴的信心和动力。

其次，开展党史学习教育是坚定我们的信仰的必然要求。十月革命一声炮响，为中国送来了马克思主义，共产党先辈以马克思主义基本原理为指导，将理论与中国实际结合，积极投身于现实斗争，带领中华民族逐步走向繁荣复兴，共产党人也在社会主义建设过程中不断坚定对共产主义的信仰以及对中国特色社会主义的信仰。对党史进行充分学习了解后，我们才能更深刻地认识到，是共产党人的坚定信仰给予他们奋斗的力量，团结带领人民实现最广泛的民主，使得人民真正成为国家、社会和自己命运的主人；也正是通过党史的学习，我们才能明白党的百年奋斗历程和伟大成就是我们坚持中国特色社会主义道路自信、理论自信、制度自信、文化自信最坚实的基础，是我们立于世界民族之林的底气。

最后，开展党史学习教育是永葆党的生机活力的必然要求。在向社会主义现代化强国进军的途中，党的自身建设还存在不足，一些弱化党的先进性、损害党的纯洁性的问题有很大危害。开展党史的学习教育可以让我们以史为鉴、以史明智，保持清醒，学习共产党前辈的革命精神，不忘为人民谋幸福、为民族谋复兴的初心和使命，提高党的凝聚力、战斗力，增强党自我净化、自我完善、自我革新、自我提高的能力。

二、党史学习教育要突出重点

习近平总书记指出，党史学习教育中有六个重点——感悟思想伟力、把握历史发展规律和大势、深化对党的性质宗旨的认识、总结党的历史经验以提高应对风险挑战的能力水平、发扬革命精神以及增强党的团结和集中统一。

一是感悟思想伟力，这一思想便是马克思主义思想。马克思主义汲取前人思想成果，揭示社会发展的内在本质和必然联系，创造性地呈现了人类社会由低到高、资本主义基本矛盾由隐到显、社会形态由资本主义必然向社会主义过渡并最终走向共产主义的完整而清晰的发展路径[①]，为人类社会的发展指明方向。一百多年间，党实现了对马克思主义的正确理解和灵活运用，坚持解放思想和实事求是相统一，以马克思主义为基础，逐步发展出毛泽东思想、邓小平理论、"三个代表"重要思想、科学发展观以及新时代中国特色社会主义思想，形成了一脉相承的创新体系，为党和人民事业发展提供了科学理论指导。在党史学习过程中，我们可以领会到马克思主义如何改变中国，中国又如何将马克思主义丰富发展。

二是把握历史发展规律和大势。马克思、恩格斯早在170多年前就揭示了社会主义必将替代资本主义的历史规律，这一规律的实现需要经历漫长的历史过程，于我们而言，则是要立足现实，把握每一阶段的历史大势。从党史上来看，我们党的诞生就顺应了社会主义兴起的世界大势；党带领人民抗日救亡、成立中华人民共和国就是顺应了反法西斯战争的世界大势；改革开放则是顺应了世界经济科技快速发展的世界大势，党带领人民努力进行经济建设社会建设，我国发展水平显著提高。在党史学习中把握历史大

---

① 商志晓：《马克思主义何以深刻改变中国》，见《光明日报》2019 年 6 月 17 日、2021 年 11 月 13 日。

势，顺应历史大势，也是党和国家发展前进的必然要求。

三是深化对党的性质宗旨的认识。党的性质由党的章程可知，中国共产党是中国工人阶级的先锋队，同时也是中国人民和中华民族的先锋队；党的宗旨是全心全意为人民服务。结合党史可以看到，我们党确实为人民而生、因人民而兴，与人民心连心、同呼吸、共命运——红军长征途中，3名女红军借宿徐解秀老人家中，将她们仅有的一床被子剪下一半留给老人；淮海战役中，543万群众奋勇支援前线，88万小推车被用来为解放军运送装备和粮草，党和人民紧密相连。

四是总结党的历史经验以提高应对风险挑战的能力水平。党的六届七中全会通过《关于若干历史问题的决议》，深刻总结了建党以来特别是六届四中全会至遵义会议阶段的历史经验；党的七大总结了历史经验，提炼出理论和实践相结合、和人民群众紧密地联系在一起、批评与自我批评三大作风，把毛泽东思想确立为全党的指导思想；七届二中全会则总结了民主革命经验，确立了建国大纲①……通过不断地总结历史经验，党在政治上更成熟，治国理政能力也得到了提升。如今我国发展面临前所未有的风险挑战，我们需要对党的历史经验进行总结，做好应对外部环境变化的思想准备和工作准备，争取得到更好的结果。

五是发扬党的革命精神。一百年来，党应对过各种困难和挑战，涌现出一大批顽强奋斗的英雄人物，形成了井冈山精神、长征精神、延安精神、"两弹一星"精神、抗疫精神等伟大精神。这些精神跨越时空、历久弥新，深深融入了党的血脉当中。而今我们党长期执政，党员干部中容易出现精神懈怠的心态，通过对党史的学习了解，我们应当延续共产党前辈的奋斗精神，保持清醒与警惕，鼓起迈向新征程的精气神。

六是增强党的团结和集中统一。在党的历史上，红军第五次反"围剿"失败和长征初期严重受挫，我们党召开了遵义会议，开始确立以毛泽东同志为主要代表的马克思主义正确路线在党中央的领导地位，开始形成以毛泽东同志为核心的党的第一代中央领导集体，挽救了中国共产党和中国革命；延安时期，党开展了大规模的整风运动，解决了党内存在的思想分歧、宗派主义等问题，使全党达到了空前团结和统一。党的政治建设的首要任务就是保证全党服从中央，维护党中央权威和集中统一领导，全党要从党史中汲取历史经验，不断提高政治判断力、政治领悟力、政治执行力，自觉在思想上政治上行动上同党中央保持高度一致。

三、全党开展党史学习教育要务求实效

党史学习教育不能只停留在理论层面，也要在实践中完成学习教育各项任务。

在干部群众层面，习近平总书记提出要开展形式多样化的学习教育，抓好专题学习、专题党课、专题民主生活会、专题培训，精心组织宣讲团开展专题宣讲；在全社会层面，则要广泛开展党史、新中国史、改革开放史、社会主义发展史宣传教育，普及党

---

① 孙健：《在深邃的历史经验中汲取前行的智慧》，见中国西藏网，http://m.tibet.cn/cn/bwsp/202111/120211112_7096869.html。

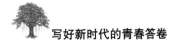

史知识，使之深入人心①。

此外，我们要树立正确的党史观，实事求是地看待党史上的重大问题，反对历史虚无主义，把握主动权，主动澄清党史上重大问题的模糊认识和片面理解，使党史学习更清晰、更准确。

对党史的理解和把握也是加深对党的理论认识的过程。习近平总书记的这篇文章从理论到实践全面描述了党史学习教育的方法论与重大意义，为开展党史学习教育活动提供了指引，也为党史与现实发展紧密结合提供了指引，对我们开启全面建设社会主义现代化国家新征程意义重大！

---

① 习近平：《在党史学习教育动员大会上的讲话》，见《人民日报》2021 年 7 月 2 日第 2 版。

加快建设全国统一大市场
精准赋能"双循环"发展新格局

马克思主义学院　姜靖豪　王丹阳

2022 年 4 月 10 日,《中共中央国务院关于加快建设全国统一大市场的意见》发布,明确建设全国统一大市场是构建新发展格局的基础支撑和内在要求。全国统一大市场的建设,有利于夯实双向循环的底层基础,打破各种封闭的小市场和小循环,为国内大循环进一步畅通奠定基础。当前世界百年未有之大变局加速演进,我国多次强调要坚持稳字当头、稳步前进,为此"关键一招"就是要加快完善全国统一大市场建设,激发国内市场潜力,畅通国内大循环,构建新发展格局,以自身的强大实力应对外部风险和挑战,这也有力地彰显了中国特色社会主义制度的优越性。习近平总书记强调,加快构建新发展格局,是一项关系我国发展全局的重大战略任务,是把握未来发展主动权的战略布局和先手棋,对我国实现高质量发展具有重大而深远的意义,需要从全局高度准确把握和积极推进。

作为关系我国发展全局的重大战略任务,新发展格局的提出有其必然的内生逻辑。从新发展格局的历史逻辑来看,发展格局调整的本质是基于国际国内矛盾和中国发展现实作出的长期战略选择。新中国成立以来,我国经济发展格局经历了多次调整。新中国成立初期,我国独立自主完成了早期工业化原始资本积累,这一阶段主要以国内大循环为主。改革开放后,在国民经济从计划经济转向市场经济后,我国逐渐形成外向型经济发展格局,国际大循环逐渐占主导地位。进入新时代,随着我国社会主要矛盾变化以及国际环境变化,我国适时提出了构建双循环新发展格局。从理论逻辑来看,新发展格局是对经典马克思主义政治经济学及其中国化最新成果的继承和发展。历史唯物主义是其产生的根本理论源泉,国内大循环为主体以马克思主义生产与消费辩证统一关系思想为前提,国内国际双循环相互促进以马克思主义世界历史理论为基础。从实践逻辑来看,新发展格局的产生有其现实必然性,它是中国共产党立足于中华民族伟大复兴战略全局,应对世界百年未有之大变局,用全面、辩证、长远的战略眼光剖析国内经济基础、经济优势及发展潜力,把握全球经济发展趋向,辨别国内国际面临的挑战和机遇,"在危机中育新机、于变局中开新局"而作出的战略抉择。

推动构建双向循环、相互促进的新发展格局,必须坚持国内大循环的主体地位。第一,这是发展大国经济的内在要求。从国际社会来看,大国经济的重要特征都是以内需为主导,实现内部循环,并为外循环提供支撑。党的十八大以来,我国坚持实施扩大内需战略,使发展更多依靠内需拉动,国家统计局宣布 2021 年内需对我国经济增长的贡献率达79.1%，与2020年相比提高了4.4%，且过去10年中有4年内需对经济增长的贡献率达100%，这表明内需拉动仍然是我国经济增长最主要的动力，国内大循环具有高度的活力。第二，这是应对复杂国际环境变化的必然要求。自2008年国际金融危机以来，全球市场收缩严重，世界经济持续低迷，国际经济大循环动力减弱。近年来，西方主要国家单边主义盛行，贸易保护主义抬头，经济全球化遭遇逆流，国际经济格局发生深刻变化。同时，新冠疫情给国际经济形势以沉重打击，逆全球化趋势进一步加剧，全球产业链、供应链面临重大冲击。这些外部环境变化带来的新矛盾新挑战，敦促我们必须顺势而为，遵循大国发展规律，调整经济发展路径，在努力维持国际循环的同时，进一步畅通国内大循环，提高我国经济发展的自主性和可持续性，保证我国经济发展平稳运行。第三，这是适应我国新发展阶段的主动选择。经济发展是分阶段的，不同的阶段对应不同的需求结构、产业结构，同时也要求经济发展的方式与时俱进。在改革开放后的相当长一段时间，我国利用劳动力等要素的低成本优势，抓住经济全球化的重要机遇，形成了市场和资源"两头在外"的发展模式，推动了我国经济高速增长，人民生活水平显著提高。而现今我国正面临产业结构和生产体系的转型升级，恰逢世界进入动荡变革期，国际力量对比正在发生历史性变化，因此我们必须做好应对一系列风险挑战的准备，把发展的立足点放在国内，把机会牢牢地把握在自己手里。面对关键核心技术"卡脖子"和战略性资源对外依赖过高的问题，必须坚持实施创新驱动发展战略，这是决定我国生存和发展的基础能力，也是确保国内大循环畅通、塑造我国在国际大循环中新优势的关键。畅通国内大循环，形成强大的内循环经济体系，增强我国经济的抗风险能力，进一步推动高质量发展，才能提高我国的竞争力，从而在波谲云诡的国际环境中始终充满朝气。

推动国内大循环是构建新发展格局的坚实基础和关键支撑，必须提出相应的坚实举措。第一，持续扩大内需。内需是拉动我国经济发展的最主要动力，因此必须充分利用好内需推动增长的优势，激发消费潜力，坚持扩大内需这个战略基点，完善内需体系，进一步改革收入分配制度，增加国民收入，提高大众的消费预期和消费能力；同时还要拓展投资空间，挖掘中国市场的投资机会和增长潜力，中国是当今世界上最大的发展中国家，相较于欧美国家的发展程度，我们还有很长的路要走，因此必须充分利用好国内的发展空间，从而促使国内市场更好地循环起来。第二，进一步深化改革。其一，进一步加快供给侧结构性改革，用供给创造需求。用更好的产品、更多元的消费方式来拉动需求。其二，深化体制改革，消除国民经济循环中的各种障碍，解决影响生产、分配、流通、消费环节中的问题，促进经济发展，为国内大循环提供保障，进一步推动供求关系良性发展。其三，要坚持实施创新驱动发展战略，加强我们的自主创新能力，解决各种"卡脖子"问题，补足短板，维护产业链和供应链的稳定与安全，实现产业结构进一步优化，推动产业高质量发展；通过科技创新降低生产成本，以低成本低价格拉动需求，推动企业升级转型，实现企业的现代化转变。

坚持问题导向，抓好重点任务，朝着加快建设全国统一大市场的方向协同发力，不断畅通国内大循环，开辟更广阔的发展空间，以"双循环"新发展格局促进高质量发展；在开放中争取主动，进一步扩大对外开放，充分利用好国内国际两种资源，以国际

循环提升国内循环的水平和效率，以国内循环作为支撑国际循环的基础和底气，加快构建新发展格局，塑造我国发展新优势。

推进马克思主义中国化行稳致远

马克思主义学院　　陆海莲

自英国以鸦片战争叩开中国的大门以来，各种思潮风云激荡颠覆了中国传统的封建观念，为中国的发展寻求一条实际可行的道路，成了每位爱国志士无比迫切的愿望。中国共产党在探索一条救国救民道路的同时，始终没有忘却对中华传统文化价值的遵从，始终坚持以马克思主义为指导不动摇，始终以守正创新的态度推进马克思主义中国化，在马克思主义中国化的道路上行稳致远，这是中华民族屹立不倒、任何变革都无可撼动的重要根基之一。

马克思主义是处于不断变动发展的主义，而中国也在日新月异的大环境之中与时俱进，两者的步伐只有同步变更、不断创新发展才能保证步调一致，中国社会的各项发展才能继续稳步向前。从中国革命的经验中可以总结得出，照搬照抄马克思主义，导致马克思主义理论体系僵化硬化对推动中国的发展进步毫无益处。大革命的失败，使中国共产党人深刻意识到中国的国情与俄国的国情并不相符合，我们注定不能墨守成规地按照俄国发展的道路前行。在意识到这个问题后，毛泽东同志立足中国实际国情，开展社会调查深入实践，在详细了解到中国农村的现实状况后，思想超前地提出中国革命的正确方向：中国革命只有走"农村包围城市、武装夺取政权"的道路才能取得最终的胜利。这不仅是马克思主义指导的结果，更是中国现实国情呈现的结果。随后，中国共产党人不断探索、总结，实现了马克思主义中国化的首次胜利。中国共产党始终坚持按照中国实际去应用马克思主义，是取得革命伟大胜利的重要因素。

新中国成立后，各项事业百废待兴。面对空无一物的建设方向，中国共产党人积极探索，根据实际国情不断调整前进的道路方向，深入分析和研究国内外社会主义建设经验，学习苏联模式，借鉴精华、丢弃糟粕，逐步明确了中国特色社会主义发展方向，沿着正确的道路，积极推动马克思主义中国化。如今，全球正处于政治多元化、经济迅速发展的时代，多元化的价值观念不可避免地产生冲突、碰撞，为此，如何有效积极应对当今复杂严峻的局势，对实现马克思主义中国化新的突破具有重大意义。中国共产党成立已有百年，百年之中，中国共产党在革命、建设、改革的伟大进程中逐步实现并推进马克思主义中国化，形成并完善了中国特色社会主义理论体系。而我国想要在当前变幻莫测的国内外环境之中占据一席之地，必须要立足于中国实际，走出一条独具特色的发展道路。

习近平新时代中国特色社会主义思想是基于新的历史时期和新的时代背景而创立的，是在毛泽东同志提出的"马克思主义中国化"基础上的继承和创新，拥有崭新的理论形式和思想内涵。当今世界发展变化日新月异，我国发展早已改天换地。从大的国际环境来看，世界处于和平发展、合作共赢的潮流之中，任何国家或国家集团都无法单独主宰整个世界的统一事务，各国逐渐连成一体，彼此之间相互依存、合作互助。但局部争端与冲突仍旧无法避免，各方势力兴起，作为最大的发展中国家，中国经济的迅速发展带来的是其国际地位的日渐提升，也无可避免地陷入更加严峻的发展环境。

中国作为负责任的大国，在参与全球治理中需要承担起大国责任，为构筑和平稳定的国际环境贡献力量。在这样的境况之中，稳定发展本国，成为中国当前发展面临的重大课题。习近平新时代中国特色社会主义思想正是回答中国当前如何发展的问题，回答了中国今后要走怎样的道路发展的问题，以全新的视野深化了中国共产党作为执政党建设社会主义道路的统筹规划，开辟了党的理论创新。习近平新时代中国特色社会主义思想是从中国传统历史文化的深厚土壤里成长起来的，不仅涵括中华民族源远流长的优秀传统哲学内涵，还充分汲取了马克思主义适应中国现实发展的精髓，真正做到了将马克思主义中国化的科学理论。习近平新时代中国特色社会主义思想是中华民族传统文化的创新发展，对推进中华民族伟大复兴历史进程具有决定性的意义。

新时代的伟大实践需要新理论的科学指导。在新的时代背景下，马克思主义中国化的内涵发生了诸多变化，为有效契合当今中国顺应时代的发展，对这一理念进行深入探讨，是科学有效引领中国发展奋进的必要举措。理论源自实践，只有实事求是，一切从实际出发，才能不断丰富和完善理论，并在今后的实践中不断检验其科学性。马克思主义就是在一次次的探索中不断完善和发展的，这或许就是它始终是一条不容置疑的科学真理的原因所在。习近平新时代中国特色社会主义思想正是新时代马克思主义新内涵的体现，以新的理论要求，不断突破，指明社会主义伟大复兴的前进路线，勾勒出一幅壮阔秀丽的发展蓝图。

历史长河缓缓流淌至今，马克思主义中国化对国家发展、国家建设的重大意义不言而喻，时代飞速发展至今，马克思主义中国化依旧有着重要的现实意义。当今世界的主题无外乎"和平""发展"两词，如今世界虽然处于相对和平的环境，但细细看来，并非全然没有威胁动荡的因素，要想有效应对风云激荡的挑战，将社会主义的优势发挥到最大，就离不开马克思主义的科学指导。另外，我国现在正处于社会发展与变革的关键阶段，更加离不开马克思主义的指导，而为发挥马克思主义科学的指导作用，便需要精准把握中国社会的实际，将中国国情同马克思主义相结合，实现马克思主义中国化的发展。这两者是相互依存、相辅相成的关系。

从抗战胜利，到中国建成现代化社会的风雨探索，无数经验证明了只有马克思主义才是适应中国发展的科学正确的理论，而为了最大限度地发挥马克思主义的指导作用，就必须将马克思主义同中国的实际相结合。为适应时代发展，让中国能以更好的姿态应对层出不穷的风险与挑战，并坚定不移地推动中国特色社会主义道路的发展，就必须要统筹中华民族伟大复兴战略全局，以实事求是、守正创新的态度发展马克思主义，推进马克思主义中国化行稳致远。

坚持敢于斗争的内在逻辑

马克思主义学院　　田东方

中国共产党书写的百年历史，就是一部敢于斗争、善于斗争，敢于胜利、善于胜利的伟大斗争史。党的十九届六中全会审议通过的《中共中央关于党的百年奋斗重大成就和历史经验的决议》系统回顾了党百年来走过的伟大征程，深刻总结了百年奋斗取得伟大成就的"十条经验"，"坚持敢于斗争"就是其中之一。鉴往知来，中国共产党之所以能成为历尽沧桑而不显疲态，饱经风霜仍是风华正茂的世界第一大党，至关重要的一点，就是中国共产党能认清敢于斗争的内在逻辑，以非凡的胆识和气魄，团结带领人民进行"具有许多新的历史特点的伟大斗争"。

敢于斗争是马克思主义政党的内在要求。唯物辩证法认为，社会基本矛盾的运动是社会历史发展的动因，有矛盾就会有斗争。马克思——马克思主义的主要创立者，穷极一生都在为推翻资本主义旧世界，建立社会主义新世界而进行伟大斗争，可以说，"斗争是他的生命要素"。在这个无产阶级斗士坚持不懈地斗争过程中，斗争精神也深深熔铸于马克思主义理论学说。中国共产党自诞生之日起就把马克思主义鲜明地写在自己的旗帜上，用马克思主义理论武装全党，这意味着我们党与生俱来就具有为人类解放事业而斗争的革命精神，具有越是艰险越向前的斗争精神。为了实现民族独立与国家富强，无论面对的敌人如何强大、前进的道路如何艰险、迎接的挑战如何严峻，我们党始终毫不退缩、绝不畏惧、不怕牺牲、百折不挠，团结带领全国人民从黑暗中找到光明，从绝路中走出生路，在应对各种困难挑战中，锤炼了不畏强敌、不惧风险、敢于斗争、勇于胜利的风骨和品质。

敢于斗争是中国共产党的鲜明品格。百年征途波澜壮阔，中国共产党在内忧外患中诞生、在历经磨难中成长、在攻坚克难中壮大，不怕牺牲、英勇斗争，对党忠诚、不负人民的精神贯穿新民主主义革命时期、社会主义革命和建设时期以及改革开放和社会主义现代化建设新时期。新民主主义革命时期，为争取民族独立、人民解放，为实现中华民族伟大复兴创造根本社会条件，党领导人民浴血奋战、百折不挠，创造了新民主主义革命的伟大成就；社会主义革命和建设时期，为实现从新民主主义到社会主义的转变，进行社会主义革命，推进社会主义建设，为实现中华民族伟大复兴奠定根本政治前提和制度基础，党领导人民自力更生、发愤图强，创造了社会主义革命和建设的伟大成就；改革开放和社会主义现代化建设新时期，为了解放和发展社会生产力，使人民摆脱贫困、尽快富裕起来，为实现中华民族伟大复兴提供充满新的活力的体制保证和快速发展的物质条件，党领导人民解放思想、锐意进取，创造了改革开放和社会主义现代化建设的伟大成就；中国特色社会主义进入新时代，为了实现第一个百年奋斗目标，开启实现第二个百年奋斗目标新征程，朝着实现中华民族伟大复兴的宏伟目标继续前进，党领导人民自信自强、守正创新，以伟大自我革命引领伟大社会革命，进行具有许多新的历史特点的伟大斗争，创造了新时代中国特色社会主义的伟大成就，中华民族迎来了从站起来、富起来到强起来的伟大飞跃。

敢于斗争是党和人民不可战胜的强大精神力量。一百多年前，在内忧外患的时局中诞生的中国共产党孕育的"坚持真理、坚守理想，践行初心、担当使命，不怕牺牲、英勇斗争，对党忠诚、不负人民"伟大建党精神，是党的精神谱系发展之源头。其中"不怕牺牲、英勇斗争"深刻揭示了中国共产党敢于斗争、敢于胜利的意志品质，成为中国共产党最鲜明的精神特质，在党的革命、建设和改革的历史进程中不断得到继承和发扬。革命战争时期，中国共产党团结带领全国人民在艰苦卓绝的革命斗争中，用血肉之躯和钢铁般的意志铸就了"艰苦奋斗攻难关"的井冈山精神、"不怕困难、勇于牺牲"的长征精神、"敢于斗争、敢于胜利"的西柏坡精神；社会主义建设时期"英勇顽强、舍生忘死"的抗美援朝精神，"自力更生艰苦奋斗"的"两弹一星"精神；改革开放时期"敢闯敢试"的特区精神、"特别能战斗"的载人航天精神；新时代"勇于探索"的探月精神、"舍生忘死"的伟大"抗疫"精神等，都是对"不怕牺牲、英勇斗争"建党精神的光荣传承，对斗争精神的生动诠释。由此可见，在百年来的各种形式的残酷斗争实践中，斗争精神已深深融入中华民族的血脉中，成为激发和鼓舞着中国共产党和中国人民不断顽强拼搏、砥砺前行的强大精神力量。

敢于斗争是实现民族复兴伟业的实践要求。党的十八大以来，以习近平同志为核心的党中央立志于中华民族的千秋伟业，发扬敢于斗争、敢于胜利的斗争精神，团结带领人民推进具有许多新的历史特点的伟大斗争，创造了一个又一个彪炳史册的人间奇迹。当前，在建成全面小康社会的基础上，昂首阔步朝着第二个百年奋勇前进，迎来了中华民族伟大复兴的光明前景。但是，前进的道路并不平坦。新冠肺炎疫情肆虐全球，经济全球化遭遇逆流，"俄乌"局势错综复杂，霸权主义、强权政治对世界和平与发展的威胁上升，世界正在经历百年未有之大变革、大调整。凡此种种，都要求党不忘本来、开拓未来，以敢于斗争的革命胆略和善于斗争的科学方略，为坚持和发展中国特色社会主义，最终实现民族复兴的伟大梦想排除困难和障碍，化解矛盾和风险，增强动力和活力。正如习近平总书记所指出的，"无数事实告诉我们，唯有以狭路相逢勇者胜的气概，敢于斗争、善于斗争，我们才能赢得尊严、赢得主动"。

以史为鉴，开创未来。党的百年斗争史启示我们，"党和人民取得的一切成就，不是天上掉下来的，不是别人恩赐的，而是通过不断斗争取得的"。实现中华民族伟大复兴任重道远，必须把握新的伟大斗争的历史特点，抓住和用好历史机遇，敢于斗争、善于斗争，逢山开道、遇水架桥，拿出"为有牺牲多壮志，敢教日月换新天"的战斗精神、"明知山有虎，偏向虎山行"的英雄气概和"不破楼兰终不还"的拼劲韧劲，做到"踏平坎坷成大道，斗罢艰险又出发"。

在守正创新中汲取实现中国梦的自信和力量

马克思主义学院　　程钰凝

党的十九届六中全会通过的《中共中央关于党的百年奋斗重大成就和历史经验的决议》（以下简称《决议》）强调："只要我们勇于结合新的实践不断推进理论创新、善于用新的理论指导新的实践，就一定能够让马克思主义在中国大地上展现出更强大、更有说服力的真理力量。"一百年来，党之所以能够领导人民不断克服艰难险阻，战胜巨大困难，根本在于坚持解放思想、实事求是、与时俱进、求真务实，坚持把马克思主义基本原理同中国具体实际相结合、同中华优秀传统文化相结合，不断推进马克思主义中国化时代化。理论创新是中国共产党百年奋斗的历史经验，是推动中国共产党不断由胜利走向新胜利的重要法宝，也是新时代坚持和发展中国特色社会主义，实现中华民族伟大复兴的秘密武器。

《决议》指出："马克思主义是我们立党立国、兴党强国的根本指导思想。马克思主义理论不是教条而是行动指南，必须随着实践发展而发展，必须中国化才能落地生根、本土化才能深入人心。"中国共产党一经成立就把马克思列宁主义作为自己的指导思想，始终坚持解放思想和实事求是相统一、培元固本和守正创新相统一，不断开辟马克思主义新境界，不断推动马克思主义中国化、时代化。先后创立了毛泽东思想、邓小平理论，形成了"三个代表"重要思想、科学发展观等马克思主义中国化的理论成果并用以指导中国革命、建设、改革实践。同时，党坚持"有的放矢"，在明确中国的社会性质和主要矛盾的基础上，坚持将马克思主义普遍真理和中国国情、历史传统、文化传承相结合并且创造性地利用人民大众喜闻乐见的民间文化载体和艺术形式进行传播，不断推进马克思主义的本土化、大众化。党的十八大以来，以习近平同志为核心的党中央对关系新时代党和国家事业发展的一系列重大理论和实践问题进行了深邃思考和科学判断，提出了涉及内政外交国防、治党治军治国的一系列原创性的治国理政新理念新思想新战略，创立了习近平新时代中国特色社会主义思想，实现了马克思主义中国化的新飞跃。与此同时，大量扎根中国大地和中国现实的"接地气"的红色歌曲、影视作品、戏剧表演等艺术形式通过人民大众喜闻乐见的民族语言、雅俗共赏的表现手法，避免了照本宣科、寻章摘句的宣传方式，实现了马克思主义本土化、大众化、通俗化传播。历史和现实充分证明，马克思主义是我们立党立国、兴党强国的根本指导思想，是我们党的灵魂和旗帜。马克思主义只有中国化才能在中国大地上闪耀真理光芒。这就启示新时代的中国青年既要坚持马克思主义的立场、观点、方法，在读原著、学原文、悟原理上下一番苦功夫、硬功夫、细功夫，切实感悟马克思主义的真理力量；又要树立创新意识，坚定理论自信，用马克思主义中国化的最新理论成果武装头脑、指导实践，把学习成果转化为干事创业的内生动力。在学懂弄通做实上下功夫，在学深悟透笃行中见真章。

《决议》指出："中华优秀传统文化是中华民族的突出优势，是我们在世界文化激荡中站稳脚跟的根基。"中国共产党是中华优秀传统文化的忠实传承者和弘扬者。党自成立以来就高度重视中华优秀传统文化的作用，自觉肩负历史责任，运用传统文化精华阐释马克思主义基本原理，积极从中华传统文化中汲取治国理政的智慧和精神力量。在持续推进文化建设中，党坚持"百花齐放，百家争鸣"的方针，深入挖掘、激发中华优秀传统文化的内生动力，不断推进精神文明建设实践，强调"物质文明、精神文明两手抓，两手都要硬"，用中华优秀传统文化培根铸魂，滋养社会主义先进文化的繁荣发展。新时代以来，以习近平同志为核心的党中央高度重视传承、弘扬中华优秀传统文化，强调："中华优秀传统文化是中华民族的文化根脉，其蕴含着的思想观念、人文精神、道德规范，不仅是我们中国人思想和精神的内核，对解决人类问题也有重要价值。要把优秀传统文化的精神标识提炼出来、展示出来，把优秀传统文化中具有当代价值、世界意义的文化精髓提炼出来、展示出来。"党实施中华优秀传统文化传承发展工程，增强全社会文物保护意识，加大文化遗产保护力度，并且结合新的实践发展和时代要求，推动中华优秀传统文化创造性转化、创新性发展，使之与当代文化相融相通，共同服务实现中华民族伟大复兴的历史任务。历史和现实充分证明，中华优秀传统文化是历史留给我们的巨大精神财富，不论过去还是现在，都有其永不褪色的时代价值。这就启示新时代的中国青年要主动接受中华优秀传统文化的教育和熏陶，大力弘扬中华优秀传统美德，坚定文化自信，积极参与到传统文化的保护和传承工作中，努力成为中华优秀传统文化的学习者、践行者、传承者、创新者。

《决议》指出："中国特色社会主义道路是创造人民美好生活、实现中华民族伟大复兴的康庄大道。"党在百年奋斗中始终坚持从我国国情出发，探索并形成符合中国实际的正确道路。中国特色社会主义道路，是在以毛泽东同志为主要代表的中国共产党人对社会主义建设进行艰辛探索的基础上，由以邓小平同志为主要代表的中国共产党人在改革开放的伟大实践中所开创的，以江泽民同志为主要代表的中国共产党人推进到21世纪，以胡锦涛同志为主要代表的中国共产党人在新世纪继续坚持和发展的。新时代以来，以习近平同志为核心的党中央坚持中国特色社会主义道路自信、理论自信、制度自信、文化自信，既不走封闭僵化的老路，也不走改旗易帜的邪路，坚定不移地走中国特色社会主义道路。一直以来党坚持和发展中国特色社会主义，推动物质文明、政治文明、精神文明、社会文明、生态文明协调发展，成功地走出了中国式现代化道路，创造了人类文明新形态，拓展了发展中国家走向现代化的途径，给世界上那些既希望加快发展又希望保持自身独立性的国家和民族提供了全新选择。随着中华民族伟大复兴的历史进程不断向前推进，我们党带领人民实现了从站起来到富起来到强起来的伟大飞跃，不断解决"挨打""挨饿"问题，但"挨骂"问题还没有得到根本解决，西方"污名化"中国的现象仍然存在，中国仍面临"失语""挨骂"的国际话语困境。历史和现实充分证明，中国特色社会主义道路是创造人民美好生活、实现中华民族伟大复兴的康庄大道。这就启示新时代的中国青年要坚定对中国特色社会主义的道路自信，深刻理解中国

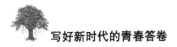

式现代化道路与西方现代化道路和其他现代化模式的本质区别，深刻领悟中国特色社会主义道路取得的重大成就和产生的世界意义。求真学问、练真本领，自觉肩负起讲好中国故事的责任，以青年之声向世界更好地介绍中国的发展理念、发展道路、发展成就，全方位展示真实、立体、全面的中国。

习近平总书记指出："我们要认真回顾走过的路，不能忘记来时的路，继续走好前行的路。"守正是基础、是前提、是保障，是第一位的，解决的是去哪里的问题；创新是动力、是能力、是守正的实现路径，解决的是怎么去的问题，因此必须坚持以守正促创新，以创新强守正。新时代的中国青年要善于从马克思主义基本原理、中华优秀传统文化以及人类优秀文明成果中汲取实现中华民族伟大复兴的智慧和精神力量，不断增强创新意识、坚定"四个自信"，不忘初心、牢记使命，自觉担负起实现中华民族伟大复兴的时代使命，接过历史的接力棒，奋力谱写当代马克思主义的实践新篇章。

坚持党的领导　坚定制度自信

——从 2022 年北京冬奥会、冬残奥会看中国特色社会主义制度的优越性

马克思主义学院　金莎琪

2022 年 3 月 13 日晚，继北京冬奥会闭幕仪式结束后，冬残奥会也在北京国家体育场落下帷幕。站在"两个一百年"奋斗目标交汇的关键历史节点上，北京冬奥会、冬残奥会是展现大国形象、促进国家发展、振奋民族精神的重要契机，确保举世瞩目的冬奥双会顺利安全地如期举办，是中国人民对国际社会作出的庄严承诺。历经 7 年艰辛努力，从申办筹办到成功举办，以习近平同志为核心的党中央充分发挥了党总揽全局、协调各方的领导核心作用，体现了中国特色社会主义制度集中力量办大事的显著优势，彰显制度自信、道路自信、文化自信、理论自信，再一次共创了一场载入史册的奥运盛会，再一次共享了奥林匹克的荣光。

北京冬奥会、冬残奥会的成功申办和举办展现了当代中国的大国风范。从 2008 年北京夏季奥运会的"同一个世界，同一个梦想"到 2022 年北京冬季奥运会的"一起向未来"，中国始终是奥林匹克精神的坚定拥护者、追求者、行动者，北京也成为国际上首个举办过夏季奥运会和冬季奥运会的"双奥之城"。2015 年，习近平总书记在 2022 年冬奥会举办权投票前夕作出坚定的承诺："如果各位选择北京，中国人民一定能在北京为世界奉献一届精彩、非凡、卓越的冬奥会。"事实再次证明，中国人民在促进奥林匹克运动发展、促进世界人民团结友好方面有坚定决心和自信，而且有能力、有热情继续作出新的更大的贡献。国际奥委会主席巴赫也表示："将中国纳入奥林匹克运动是奥林匹克运动最伟大和成功的故事之一。"

在新冠肺炎疫情席卷全球时，为筹办冬奥会，以习近平同志为核心的党中央统筹协调北京、延庆、张家口等多个城市最大限度重复利用比赛场馆，比如：变"水立方"为"冰立方"，首钢工业遗址建起滑雪大跳台，张北柔性直流工程首次实现奥运场馆绿色电力全覆盖等，以中国经验设计筹办北京冬奥会、冬残奥会，向国际奥组委和世界人民交出完美答卷。冬奥双会的成功举办，掀起了全民参与冰雪运动的热潮，鼓舞了民族精神，增强了民族自信，激起了中国人民征服冰雪运动、创造冰雪奇迹的好胜心，为建设健康中国、促进人民福祉注入新动力。体育激励人奋进，奥运团结人向前。闭幕式上，运动员们互相拥抱的场景令人动容，奥运健儿们在各自的赛道上一次次突破自我、挑战人类极限，诠释体育精神。正如南非全国学生大会副主席马蒂瓦内所说："北京冬奥会为世界留下宝贵财富，提供了一个让各国更好了解中国的契机，为多种文化交流搭建了平台。"北京冬奥会、冬残奥会作为人类命运共同体的一种实践，向世界昭示了平

等相待、相互尊重，共同维护世界和平的初心，传递了对和平、团结、友好、进步的美好追求，促进了世界不同文明交流互鉴，身体力行地向世界展示了当代中国的大国风范和大国气派，让世界看到了中国道路的现实和未来。

坚持党的全面领导是北京冬奥会、冬残奥会成功举办的坚强保证。回顾新中国成立70多年以来的历史发展过程，坚持党的全面领导永远是我国体育事业发展的坚强保证。错综复杂的国际形势和蔓延全球的世纪新冠肺炎疫情，使得包括东京奥运会在内的众多国际体育赛事被迫延期或取消，疫情影响遍及亚洲、欧洲、美洲等世界主要地区。面对如此严峻的形势，中国共产党本着对人民生命安全和身体健康高度负责的态度，领导中国人民进行了最彻底、最坚决、最有力的防控，在世界范围内率先控制住疫情、率先实现经济复苏，为举办冬奥盛会创造了有利条件。习近平总书记作出"绿色、共享、开放、廉洁"办奥指示，统筹协调北京、延庆、张家口三大赛区，5次深入赛区实地考察，多次主持召开专题会听取工作汇报，克服了各类办赛风险和挑战，让中国为世界呈现了一场精彩绝伦的体育盛会。正如习近平总书记所说，"北京冬奥会、冬残奥会所有场馆建设提前一年完成，我国很多冰雪项目在两年多时间里实现从无到有，有的项目达到了世界先进水平，充分体现了党的领导和举国体制、集中力量办大事的制度优势"。

坚持党的领导关乎党和国家的根本和命脉，关乎全国各族人民的利益和幸福。近代以来的历史和实践充分证明，中国之所以能够实现从站起来到富起来再强起来的伟大飞跃，根本原因就在于坚持党的集中统一领导。北京冬奥会、冬残奥会的圆满落幕再次证明了中国共产党具有坚强的政治领导力、群众组织力、政策执行力、社会号召力，是团结带领全国各族人民攻坚克难、勇攀高峰的可靠领导力量，是北京冬奥双会成功举办的根本保障。新的征程上，坚持中国共产党的领导，坚定制度自信，是继续创造中国奇迹的根本保证。

北京冬奥会、冬残奥会成功举办再次证明党的领导是中国特色社会主义制度最大优势。中国特色社会主义最本质的特征是中国共产党的领导，中国特色社会主义制度的最大优势是中国共产党的领导。制度优势是一个政党、一个国家的最大优势。坚定制度自信是新时代实现"两个一百年"奋斗目标、实现中华民族伟大复兴的必要前提。一个国家的制度是否符合国情、一个国家的执政党是否带给人民群众安全感和自信心，会在应对各种风险困难和挑战中真实体现。在应对新冠肺炎疫情、打赢脱贫攻坚战等实践中，在北京冬奥会、冬残奥会的成功举办中，中国制度的显著优越性进一步彰显，集中力量办大事的显著优势在实践中不断发展完善，推动中国特色社会主义事业不断开创新局面，推动党和国家的事业取得历史性进展，在互联网时代下相关事业和活动成果传播更迅速，感召更强烈，更加坚定了中国人民走中国特色社会主义道路的信心和决心。

当前国际形势复杂多变，国内改革发展稳定任务艰巨繁重，在这样的情况下，北京冬奥会、冬残奥会的圆满举办振奋人心，不仅可以增强我们实现中国梦的信心，而且有利于展示我们国家和民族致力于推动构建人类命运共同体，展示阳光、富强、开放的良好形象，有利于增进各国人民对中国的了解和认识，给世界带来信心、希望和力量。外交部发言人汪文斌表示："世界各国人民为冬奥喝彩，为北京加油，一起向未来，这正是奥林匹克精神的充分体现。"北京冬奥双会已经落幕，中国为推动构建人类命运共同体，实现社会主义现代化和中华民族伟大复兴必须坚持中国共产党的领导，坚定中国特色社会主义制度自信，发挥集中力量办大事的显著优势，万众一心，和衷共济，把党宝贵的历史经验作为正确判断形势、把握历史主动的思想武器，正视困难，敢于斗争，追求和平，面向未来。

担当奋进 矢志不渝 坚持人民至上

马克思主义学院 王 婷

党的十九届六中全会审议通过的《中共中央关于党的百年奋斗重大成就和历史经验的决议》全面深刻地总结了党领导人民进行伟大斗争中积累的宝贵历史经验。经验共有十条，其中坚持人民至上是最重要的一条经验，其深刻揭示了中国共产党取得伟大成就的根本原因。百年来，中华民族饱经风霜，但人民底色经久不衰，党和国家的事业处处彰显着对"人民至上"的不懈追求。踏上新的赶考之路，要担当奋进，矢志不渝坚持人民至上，不断实现好、维护好、发展好广大人民的根本利益，续写人民至上新篇章。

一、深刻认识和把握党百年奋斗的历史逻辑

习近平总书记指出，中国共产党的百年历史，就是一部党与人民心连心、同呼吸、共命运的历史，是一部坚持人民至上、坚守人民立场，为实现人民美好生活的艰辛创业史、不懈奋斗史。

新民主主义革命时期，以实现民族独立和人民解放为目标。面对国家蒙辱、人民蒙难、文明蒙尘的情况，以毛泽东同志为代表的中国共产党乘北方吹来的十月风，将马克思主义与中国社会实情相结合，在汲取近代以来历次救国救民运动经验教训的基础上，深刻提出了只有人民才是创造历史的动力，形成了党的群众观点、群众路线、群众标准与为人民服务的根本宗旨，团结带领人民走出一条农村包围城市、武装夺取政权的革命道路，开展群众革命，团结人民、依靠人民，浴血奋战、百折不挠，推翻"三座大山"，成立中华人民共和国，实现民族独立和人民解放，中国人民从此站起来了。

社会主义革命和建设时期，秉承人民至上理念，以建立社会主义制度和发展社会主义事业为目标。新中国成立初期，一穷二白、百废待兴，中国共产党团结带领人民同甘共苦、艰苦奋斗，实现了从新民主主义社会到社会主义社会的转变，巩固了新生人民政权。通过社会主义改造，确立了公有制的主体地位，构建了完整的工业体系和国民经济体系，为人民当家作主提供经济与物质基础；聚焦社会主义制度建设，以实现人民当家作主为出发点和落脚点，逐步确立了人民民主专政的国体、人民代表大会制度的政体、中国共产党领导下的多党合作和政治协商制度以及民族区域自治制度，为人民当家作主提供制度保证；开展大规模的社会主义建设，教育、科学等事业飞跃发展，国防工业从无到有，"两弹一星"等国防尖端科技不断取得突破，为人民当家作主、消除贫困提供了坚实的国防保障。

改革开放和社会主义现代化时期，以消除贫困、实现人民生活富裕为目标。在判断

改革发展为了谁的标准问题上，邓小平同志将是否有利于提高人民生活水平作为衡量发展的标准之一，并强调，"人民拥护不拥护，人民赞成不赞成，人民高兴不高兴，人民答应不答应"是党的一切工作的出发点和归宿点。江泽民同志提出，中国共产党要始终代表中国最广大人民的根本利益。胡锦涛同志提出，坚持以人为本，执政为民，就是要坚持权为民所用、情为民所系、利为民所谋。在风云激荡的改革时期，中国共产党坚持人民至上，团结带领人民解放思想、锐意进取，创造改革开放和社会主义现代化建设的伟大成就，实现了人民生活水平从温饱不足到总体小康、奔向全面小康的历史性跨越，推进了中华民族从站起来到富起来的伟大飞跃。

新时代中国特色社会主义时期，以实现人民美好生活和中华民族伟大复兴为目标。党中央积极践行以人民为中心的发展思想，把人民放在心中最高位置，极大地丰富发展了人民至上理念。新时代，为实现人民对美好生活的期待，党中央统筹推进"五位一体"总布局、协调推进"四个全面"战略布局，积极践行"我为群众办实事"，坚持人民至上、坚持共享共治，实现了从"富起来"到"强起来"的飞跃。

二、深刻认识和把握党百年奋斗的理论逻辑

人民是中国共产党实现中华民族伟大复兴的最大靠山。"党的根基在人民、血脉在人民、力量在人民，人民是党执政兴国的最大底气"。这句话充分体现了中国共产党与人民的紧密关系。中国共产党之所以"能"，根本原因就在于人民群众的拥护与支持，这是我们党走向胜利的决定性因素。土地革命战争、抗日战争以及解放战争取得全面胜利，关键因素是党能够广泛发动群众。新中国成立后，经济和工业的迅速发展、社会主义改造的全面完成，以及改革开放以来所取得的伟大成就都是人民群众齐心协力、艰苦奋斗的结果。面对突如其来的严重疫情，党中央统揽全局、果断决策，坚持把人民生命安全和身体健康放在第一位，中国人民风雨同舟、众志成城，构筑起疫情防控的坚固防线，打赢了这场疫情防控战，并且经济实现逆增长。这些成绩的取得充分彰显了人民给予中国的力量与信心、人民是中国坚实的根基、人民是党执政兴国的最大底气。

时代是出卷人，我们是答卷人，人民是阅卷人。人民是历史的检验者、评判者，一切工作都应由人民来评判。习近平总书记深刻指出："人民是我们党的工作的最高裁决者和最终评判者。"回望历史，是人民用小推车推出淮海战役的胜利；是人民用"小铁锹"挖出的大油田；是人民万众一心、众志成城，筑牢疫情防控堡垒。人民是党领导和执政的力量源泉，我们党始终坚持人民至上，把人民满意作为最高评价标准，所以我们党的工作成效，必须且只能由人民群众来检验。

三、深刻认识和把握党百年奋斗的实践逻辑

把人民放在心中。"一切为民者，则民向往之"。中国共产党自诞生之日起便确定了为中国人民谋幸福、为中华民族谋复兴的初心使命。带领人民创造美好生活必须厚植"人民至上、为民造福"的情怀，时刻"心"系人民，不断从"心"出发，一心为民、一心向民，不断实现好、维护好、发展好最广大人民的根本利益。

把人民融入血脉。"我将无我、不负人民"，深刻体现共产党人胸怀天下、信仰坚

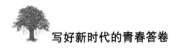
定的伟大精神。生逢盛世，面对人民对美好生活的期盼，我们应该挺起精神脊梁，牢记"人民"二字，增强全心全意为人民服务的思想自觉和行动自觉，始终保持高昂的奋斗姿态，为人民美好生活不懈奋斗。

把人民当作老师。"问政于民，方知得失；问需于民，方知冷暖。"唯物论指出，人民是历史的创造者，是真正的英雄。我们要甘当"小学生"，主动拜人民为师，向能者求教、向智者问策，紧紧依靠人民群众，汲取群众的智慧和力量，深深扎根于人民的实践创造沃土，不断增长政治智慧、增强执政本领。

中国特色社会主义是实现中华民族伟大复兴的必由之路

马克思主义学院　　孙绍强

2022 年 3 月 5 日，习近平总书记在参加十三届全国人大五次会议内蒙古代表团审议时指出，中国特色社会主义是实现中华民族伟大复兴的必由之路。只要始终不渝走中国特色社会主义道路，我们就一定能够不断实现人民对美好生活的向往，不断推进全体人民共同富裕。这一重要论述，深刻阐明了我们过去为什么能够成功、未来我们怎样才能继续成功。奋进新征程，建功新时代，我们要高举中国特色社会主义伟大旗帜，沿着中国特色社会主义道路勇毅前行，为实现中华民族伟大复兴的中国梦不断奋斗。

党的十八大以来，以习近平同志为核心的党中央准确把握中国特色社会主义的历史新方位，擘画了中国特色社会主义事业发展的宏伟蓝图，推动党和国家事业取得了全方位的、开创性的历史性成就。经济总量由 2012 年的 50 多万亿元增长到 2021 年的逾 114 万亿元，人均国内生产总值超过 1 万美元，人民生活水平、幸福感、获得感不断提升；国家治理体系和治理能力现代化水平不断提高，全面深化改革持续推进，中国特色社会主义制度更加成熟定型，党和国家事业焕发出新的生机活力；社会主义文化繁荣发展，扎根中国大地的优秀文艺作品不断涌现，全国人民文化自信明显增强；科技创新蹄疾步稳，一批批大国重器成就振奋人心。"嫦娥"奔月、"神舟"飞天、"天眼"探空、"羲和"逐日、"北斗"组网、大飞机首飞，"蛟龙"入海、万米载人深潜器下水、极地破冰科考船建成交付，上可九天揽月，下可五洋捉鳖，何等豪情壮志！

特别是自 2020 年新冠肺炎疫情发生以来，中国共产党团结带领全国各族人民进行殊死搏斗，付出了巨大努力，全力保护人民群众的生命安全，取得了抗击疫情斗争的重大胜利。在世界经济普遍低迷的形势下，我国率先复工复产、率先实现经济增长由负转正，国内生产总值更是首次突破 100 万亿元大关，愈发彰显出中国特色社会主义制度的强大生机活力。2022 年，我们更是克服各种困难挑战，成功举办了北京冬奥会、冬残奥会，向世界奉献了一届简约、安全、精彩的奥运盛会，赢得了国际社会的普遍赞誉，向世界展示了社会主义制度的巨大优越性。神舟十三号载人飞船遨游太空，中国航天航空事业迈出新步伐；"东数西算"工程正式全面启动，全国一体化大数据中心体系完成总体布局；杭州亚运会筹备工作有序进行，世界电商之都蓄势待发……中国特色社会主义事业的新篇章还在不断书写。我们取得的历史性成就，不仅为实现中华民族伟大复兴提供了更加完善的制度保证、更加坚实的物质基础和更加强大的精神力量，更向世人昭示了中国特色社会主义是根植中国大地、符合我国国情、反映人民意愿、适应时代发展的科学社会主义。

树高千尺有根，江河万里有源。中国特色社会主义并不是从天上掉下来的，而是党

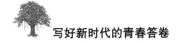

和人民历尽千辛万苦、付出巨大代价取得的根本成就，是历史的选择、人民的选择。自1840年鸦片战争以后，国家蒙辱、人民蒙难、文明蒙尘，中华民族遭受了前所未有的劫难，中国人民生活在水深火热之中。从那时起，实现中华民族伟大复兴，就成为中国人民和中华民族最伟大的梦想。无数仁人志士为了实现这个梦想前仆后继、舍生忘死。彼时，各种主义和思潮在中国粉墨登场，你方唱罢我登场，却始终没能解决中国的前途和命运问题。资本主义的道路也尝试过，同样未能走通。

历史雄辩地告诉我们，一个国家实行什么样的主义、走什么样的道路，关键要看这个主义、这条道路能否解决这个国家面临的历史性课题。当中国人民苦苦探寻救国道路无望之时，正是以毛泽东同志为主要代表的中国共产党人，团结带领全党全国各族人民浴血奋战，完成了新民主主义革命，建立了新中国，确立了社会主义基本制度，完成了中华民族有史以来最为广泛而深刻的社会变革，为当代中国一切发展奠定了根本政治前提和制度基础。在改革开放和社会主义现代化建设时期，正是以邓小平、江泽民、胡锦涛为主要代表的中国共产党人进行了改革开放的伟大变革，科学回答了建设中国特色社会主义的一系列基本问题，推动中国大踏步赶上了时代，为实现中华民族伟大复兴提供了充满活力的体制保证和快速发展的物质条件。进入中国特色社会主义新时代，以习近平同志为核心的党中央以巨大的政治勇气和强烈的使命担当，解决了许多长期想解决而没有解决的难题，办成了许多过去想办而没有办成的大事，使中华民族伟大复兴展现出前所未有的光明前景。

"鞋子合不合脚，自己穿了才知道。"中国人民用几十年的时间走完了发达国家几百年走过的工业化历程，创造了世所罕见的经济快速发展奇迹和社会稳定奇迹。摆脱贫困一直是困扰全球发展和治理的突出难题，贫困及其衍生出来的饥饿、疾病、社会冲突等一系列全球性难题至今没有得到有效解决。党的十八大以来，我国脱贫攻坚战取得全面胜利，现行标准下9899万农村贫困人口全部脱贫，832个贫困县全部摘帽，12.8万个贫困村全部出列。区域性整体贫困得到解决，历史性地解决了绝对贫困问题，在中华大地上全面地建成了小康社会，创造了人类发展史上的伟大传奇。毋庸置疑，中国特色社会主义就是实现中华民族伟大复兴的正确道路、必由之路。

当前，世界百年未有之大变局加速演进，世界进入新的动荡变革期，中华民族伟大复兴进入了关键时期，中国人民正意气风发向着全面建成社会主义现代化强国的第二个百年奋斗目标迈进。我们要清醒地认识到"中国特色社会主义是社会主义，不是别的什么主义"，既不走封闭僵化的老路，也不走改旗易帜的邪路。暮色苍茫看劲松，乱云飞渡仍从容。无论外部如何"浮云遮望眼"，只要我们保持政治定力，坚定"四个自信"，坚定不移地走好中国特色社会主义道路，继续把中国特色社会主义事业推向前进，我们就一定会在新的征程上取得更大胜利，我们就一定会实现中华民族的伟大复兴！

坚持全过程人民民主，厚植两会制制度自信

马克思主义学院　黄文洁

民主是我国自古以来全体中华儿女的最大期盼，是全世界人民对政治的最大诉求，是我们党自成立以来不断探索社会主义民主政治发展的重要原则。全过程人民民主与两会制，丰富了马克思主义民主政治理论、继承了我国优秀传统文化、推进了全人类民主发展进程。

探索民主政治、发展人民民主是我们党作为马克思主义政党义不容辞的责任，是我们党与生俱来的烙印。毛泽东同志在1939年纪念五四运动二十周年大会上的讲话中第一次提出"人民民主"的概念，指出要"建立一个人民民主的共和国"。第一届全国人民代表大会通过《中华人民共和国宪法》，以国家根本大法的形式确立了我国人民民主专政的国体。邓小平在党的理论工作务虚会上指出"没有民主，就没有社会主义"。江泽民同志在党的十六大上表明"发展社会主义民主政治，建设社会主义政治文明，是全面建设小康社会的重要目标。必须在坚持四项基本原则的前提下，继续积极稳妥地推进政治体制改革，扩大社会主义民主，健全社会主义法制，建设社会主义法治国家，巩固和发展民主团结、生动活泼、安定和谐的政治局面"。胡锦涛同志在党的十七大报告中作出"人民民主是社会主义的生命"的重要论断。党的十八大以来，以习近平同志为核心的党中央，不断探索社会主义民主政治内涵与实践，承载一百年来上下求索的经验总结，逐步形成了全过程人民民主科学理论体系，推进中国民主政治现代化进程，强调"人民民主是社会主义的生命。没有民主就没有社会主义，就没有社会主义的现代化，就没有中华民族伟大复兴"。

全过程人民民主，是覆盖全体人民、内容包罗万象、覆盖各个领域、流程完备的民主，体现了我国民主价值的本质，是新时代党带领人民开拓进取、接续奋斗的聚心石。正确的理论需要正确的制度。由人民代表大会制和人民政治协商会议制构成的两会制是中国特色社会主义制度的重要内容，是全过程人民民主的载体与实践形式。

全过程人民民主是内容，两会制是形式。全过程人民民主决定了两会制的形式，两会制为全过程人民民主提供了支撑。两会制为民主选举、民主决策、民主管理和民主监督提供了现实载体。人民代表大会制度是人民广泛有序参与的根本制度载体。人大代表通过民主选举产生，保证人民有序参与到国家生活和社会生活管理之中，"人民民主是一种全过程民主，所有的重大立法决策都是依照程序、经过民主酝酿，通过科学决策、民主决策产生的"。人民代表大会制度是人民民主制度体系的起点和基础，它向其他国家机关的制度授权和监督表明了民主的人民性和全过程。协商民主是全过程人民民主的基本实践形式。"协商民主是我国社会主义民主的主要组成部分，是我国社会主义民

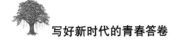

政治的特有形式和独特优势，也是中国共产党执政和决策的重要方式。"党的十八大以来，在我国厚植民主协商的政治传统之上，逐步形成了政党协商、人大协商、政府协商、政协协商、人民团体协商、基层协商和社会组织协商的协商民主格局。全过程人民民主需要相适应的政治政权和政策选择制度，协商民主实践形式是组织政权的前置机制，更是进行政策选择，实现政策优化的核心机制。同时，我们对于全过程人民民主的概念也是在两会制的实践中逐步提出和完善的。2021年3月通过的《中华人民共和国全国人民代表大会组织法》修正草案与《中华人民共和国全国人民代表大会议事规则》修正草案中，"全过程民主"被明确写入"一法一规则"。在庆祝中国共产党成立100周年大会上的重要讲话中，习近平总书记强调"践行以人民为中心的发展思想，发展全过程人民民主"。向群众问策、吸取群众意见，两会制保证了全过程人民民主的主体全、内容全、领域全、过程全，使政治理念切实全方位贯彻到实处。

制度自信来源于科学的理论指导、来源于民心、来源于实践成果。一百多年来，我们坚持不断地把马克思主义基本原理同中国具体实际相结合，指导实践，指引我们不断取得阶段性的成功。两会制符合民心、根本立场在于人民。"坚持发展为了人民、发展依靠人民、发展成果由人民共享。"民主理论构建的过程中，人民是民主模式的设计者、民主渠道的开拓者、民主手段的创新者，更是主权的拥有者、是权益的获得者。科学立法、民主立法是我们十八大以来的不懈追求。党的十九大后，我们逐渐形成了"党委领导、人大主导、政府依托、各方参与"的立法格局，推进协商民主广泛、多层、制度化发展战略，保证人民在日常政治生活中有广泛持续深入参与的权利，为我国社会发展提供稳固的法制保障，为实现国家现代化、中华民族伟大复兴提供了强有力的民主制度支持。

我们要把马克思主义基本原理同中国传统文化相结合、同中国具体实际相结合，不断探索世界民主政治新模式。从"工农兵代表大会制度"到"三三制"再到中国人民政治协商会议，协商民主是中国共产党领导中国人民在投身建立新中国，建设新中国、探索改革道路、实现中国梦的伟大实践中逐步形成的。我们的民主制度不是无源之水、无本之木，而是根植于深厚的五千年文明中，找到了马克思主义人民立场和以人为本的中华优秀传统文化的最大公约数。历史唯物主义认为"政治文明是人类在一定的社会经济基础之上，为建立公共秩序，推动社会进步而形成的，用于调节公共权力和私人利益的价值规范、组织体系和制度安排的有机总和"。两会制民主新话语体系，打破了长期以来西方"三权分立"为世界普适政治文明的思维定式，超越了西方"两院制"模式，在民主实践中彰显了中华政治文明的独特智慧，是中国共产党人创造的人类社会文明新形态，这种新形态是经济社会发展与人本身发展有机统一的文明形态，为世界贡献了人类文明进步的中国理念、中国智慧和中国方案。

共同富裕的科学内涵、实践路径及战略目标

马克思主义学院　昝盈盈

贫穷不是社会主义，共同富裕才是社会主义的本质要求，是中国式现代化的重要特征，是人民群众的真切期盼和美好愿景。就其核心内涵而言，共同富裕是全民富裕、全面富裕、渐进富裕、共建富裕，它既不是两极分化也不是平均主义，而是扎实推动全体人民共同富裕取得实质性进展，是物质与精神双重富裕；就其实践路径而言，坚持通过高质量发展，在"两步走"的指引下，既把蛋糕做大又把蛋糕分好；就其发展目标而言，我们要正确认识到实现共同富裕是一个长期的历史过程，在推进完成阶段性小目标的基础上，到21世纪中叶，推动全体人民共同富裕基本实现。

习近平总书记在中央财经委员会第十次会议上强调："我们说的共同富裕是全体人民共同富裕，是人民群众物质生活和精神生活都富裕，不是少数人的富裕，也不是整齐划一的平均主义。"全体人民共同富裕的核心内涵在于全民富裕、全面富裕、共建富裕、渐进富裕。全民富裕从主体和覆盖面指出共同富裕是涵盖全社会的总体概念，包括城市和农村、东部和西部在内的全体人民的整体富裕；全面富裕从实现内容指出共同富裕是物质与精神的双重富裕，意在促进人的全面发展；共建富裕从动力因素指出共同富裕的完成需要全体人民共同建设、勤劳致富；渐进富裕从实现过程指出"共同富裕是一个长远目标，需要一个过程，不可能一蹴而就，对其长期性、艰巨性、复杂性要有充分估计，办好这件事，等不得，也急不得"。这科学地回答了"何时富裕"的问题。习近平总书记关于共同富裕系统而科学的论述，是对马克思主义关于共同富裕思想的继承与创新，进一步明确了中国共产党人在新时代治国理政的奋斗目标和前进方向。当前"两个大局"同步交织、相互激荡，追求共同富裕既是中国人民的美好愿望，也是世界各国人民的普遍期待，这种共识所具有的强大凝聚力和驱动力，将推动世界各国风雨同舟、携手共进，为中国和世界繁荣稳定提供精神动力，具有深远的时代价值。

共同富裕既是一个崭新的理论探索，也是一个重大的实践问题。马克思主义具有鲜明的实践品格，不仅致力于科学解释世界，而且致力于积极改变世界。习近平总书记不仅阐述了共同富裕的科学内涵、重要意义等理论内容，还讲明了实现共同富裕的实践路径。

首先，坚持发展是硬道理，以更平衡、更充分的高质量发展实现共同富裕。"不平衡不充分的发展"是制约我国人民日益增长的美好生活需要的主要因素，要实现共同富裕，必须解决好这个问题。在促进高质量发展中实现共同富裕，要以改革创新为根本动力，提高自主创新能力，完善技术创新体系，不断缩小地区差距、城乡差距、收入差距，扎实推进共同富裕。其次，在发展的过程中既要把蛋糕做大做好，也要通过合理的

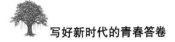

制度安排把蛋糕分好，构建公平合理的收入分配格局，能够为实现共同富裕提供良好的制度保障，使发展成果更好、更公平地惠及全体人民。习近平总书记指出："要建设体现效率、促进公平的收入分配体系，实现收入分配合理、社会公平正义、全体人民共同富裕。"实践证明，按劳分配为主体、多种分配方式并存的基本分配制度有助于调动各方面的积极性。针对现阶段我国存在的收入分配差距偏大、贫富两极分化的情况，分配制度的调整应致力于提高过低收入、扩大中等收入群体规模、规范和调节高收入、取缔非法收入，加快构建起一套体系完备、行之有效的合理收入分配格局，促进社会公平正义。党的十八大以来，中国共产党领导全国各族人民打赢了脱贫攻坚战，在中华大地上全面建成小康社会，这为逐步实现全体人民共同富裕创造了良好的经济基础和制度保障。在新的历史起点上，要继续坚持以党的领导为根本、高质量发展为前提，完善分配制度为驱动力，谱写全体人民共同富裕的新篇章。

习近平总书记指出"促进全体人民共同富裕是一项长期任务，也是一项现实任务"，是长期性与阶段性的结合，要深入研究不同阶段的目标，分阶段促进共同富裕：到"十四五"末，全体人民共同富裕迈出坚实步伐，居民收入和实际消费水平差距逐步缩小，人民平等参与、平等发展的权利得到进一步保障，机会更加均等化；到2035年，全体人民共同富裕取得更为明显的实质性进展，在改善人民生活品质、提高社会建设水平中扎实推进共同富裕；到21世纪中叶，全体人民共同富裕基本实现，居民收入和实际消费水平差距缩小到合理区间，物质文明、政治文明、社会文明、生态文明全面提升，人民享有更加幸福安康的生活。实现共同富裕，是一个循序渐进的过程，既要满足人民对美好生活的向往，也要使广大人民群众的获得感、幸福感更加充实、更有保障、更可持续！

共同富裕是人类的美好愿景，是几代共产党人矢志不渝的追求，全面实现共同富裕需要几代人付出艰苦的努力。推进共同富裕的过程中，要树立起两点认识。第一，要充分认识到这是一项长期性、艰巨性、复杂性兼具的历史任务，坚持实事求是、脚踏实地、久久为功。一方面要积极推动高质量发展，在探索、试验和实践中积累经验，为推动共同富裕做准备（如浙江高质量发展建设共同富裕示范区）；另一方面将发展成果惠及全体人民，实现人民对美好生活的向往。第二，坚定实现共同富裕的信心。新中国成立70多年来，一代代中国共产党人始终为创造人民美好生活、实现共同富裕而奋斗。如今，共同富裕的理论更加完善，实践路径和目标更加成型，实现前景也展现出更加广阔的空间。新征程上，我们要主动接过历史的接力棒，坚定信心，破浪前行！

坚持马克思主义与中国特色社会主义相结合
坚定理论自信　推进理论创新

孙逸仙纪念医院　张　怡

党的二十大是我们党进入全面建设社会主义现代化国家、向第二个百年奋斗目标进军新征程的重要时刻召开的一次十分重要的代表大会，是党和国家政治生活中的一件大事。

一百多年来，中国共产党统筹把握历史潮流和时代特征，不断进行具有许多新的历史特点的伟大斗争，团结带领中国人民先后创造了新民主主义革命的伟大成就、社会主义革命和建设的伟大成就、改革开放和社会主义现代化建设的伟大成就、新时代中国特色社会主义的伟大成就，书写了中华民族几千年历史上最恢宏的史诗。聚焦党的百年奋斗重大成就和历史经验，在每个斗争阶段，面对不同历史考验、不同社会矛盾，党始终坚持马克思主义的指导思想，以清醒的历史自觉和行动自觉，用"具体历史的、客观全面的、联系发展的观点"总结、看待经验教训和成败得失；始终坚持从横向和纵向两方面认识自己的过去未来，从内部重塑和外部调适双重角度推进自身的伟大变革，以大历史观、大世界观，准确把握、系统总结党史发展过程中的主题主线、主流本质；始终坚持旗帜鲜明反对历史虚无主义，加强思想引导和理论辨析，澄清模糊认识和片面理解，坚定自信、正本清源。中国共产党人坚持以马克思主义基本原理分析中国国情、把握历史大势、改造主观世界和客观世界，实现了马克思主义的本土化、时代化。在科学理论与具体实践的碰撞中，我们党创立毛泽东思想，完成了马克思主义中国化的第一次历史性飞跃；创立邓小平理论，形成"三个代表"重要思想、科学发展观，构建中国特色社会主义理论体系，实现了马克思主义中国化新的飞跃；创立习近平新时代中国特色社会主义思想，实现了马克思主义中国化又一次新的飞跃。在中国共产党的百年征程中，马克思主义的科学性和真理性在中国得到充分检验，马克思主义的人民性和实践性在中国得到充分贯彻，马克思主义的开放性和时代性在中国得到充分彰显。马克思主义挽救、改变了中国，中国也丰富、发展了马克思主义。时代之歌永续，理论之树长青。站在"两个一百年"奋斗目标历史交汇点，以习近平同志为核心的党中央顺应历史潮流，勇担时代使命，系统总结中国共产党过去百年的重大成就和历史经验，不断深化对共产党执政规律、社会主义建设规律、人类社会发展规律的认识，不断推进马克思主义中国化的理论创新，在回应时代需求、历史需求、人民需求的过程中，为党的千秋伟业打下了坚实基底，为新时代坚持和发展中国特色社会主义进一步指明了前进方向。万山磅礴，必有主峰。进入新时代，以习近平同志为核心的党中央面对复杂形势和严峻挑

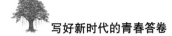

战，胸怀"两个大局"，统揽"四个伟大"，驾驭新时代中国特色社会主义巨轮乘风破浪、勇往直前，取得了世界瞩目、彪炳史册的历史功绩，为中华民族伟大复兴增添了强大动能、描绘了美好愿景。身处伟大时代，只要我们团结一心，坚决维护习近平总书记党中央的核心、全党的核心地位，坚决维护党中央权威和集中统一领导，坚持以马克思主义中国化时代化的最新成果为指导，坚持中国特色社会主义道路，以史为鉴、埋头苦干，顽强奋斗、勇毅前行，就一定能在新时代新征程上赢得更加伟大的胜利和荣光。

坚决捍卫"两个确立"、做到"两个维护"是我们党续写千秋伟业的必然选择。在党带领全国人民的共同努力下，我们已踏上了第二个百年的新征程。"两个确立"作为党的十八大以来最重要的政治成果，作为历史和人民的自觉选择，体现了全党的共同意志、反映了人民的共同心声，是完全顺应时代要求的重大政治判断。只有坚决捍卫"两个确立"、做到"两个维护"，我们党和国家的事业才能行稳致远，不断向前发展。坚决捍卫"两个确立"、做到"两个维护"是我们党永葆青春活力的根本保障，习近平新时代中国特色社会主义思想，正是我们党通过学习不断把马克思主义与中国的实际相结合的最新理论成果，"两个确立"深刻阐明了我们要忠诚核心、拥护核心、追随核心、捍卫核心，科学把握发展规律、谋划事业发展、应对风险挑战。坚决捍卫"两个确立"、做到"两个维护"是我们党实现民族复兴的使命要求。共产党人正是因为自党成立之时就以"为中国人民谋幸福、为中华民族谋复兴"的初心使命作为愿景，才克服了一个个困难、取得了一次次胜利，历史和人民也才最终选择了中国共产党。拥护领导核心的政党，才能凝聚磅礴伟力。

一百年来，中国共产党人坚持把马克思主义基本原理同中国具体实际相结合，践行初心使命，团结带领全国各族人民取得了民族独立、人民解放和实现了国家富强、人民幸福的梦想，从根本上改变了中国人民的前途命运，也极大地增强了中国人民的底气。中国共产党的百年奋斗创造一个又一个新奇迹。在经济上，我国用几十年时间走完了发达国家几百年走过的工业化历程，成为世界第二大经济体、制造业第一大国、货物贸易第一大国、商品消费第二大国、外资流入第二大国，外汇储备连续多年位居世界第一。在科技上，取得"两弹一星"、超级杂交水稻、高性能计算机、深海探测、量子通信、大飞机、人工智能、第五代移动通信网络、移动支付、新能源汽车等一大批创新成果，彻底扭转了科技落后的局面。党的百年奋斗成功走出了中国式的现代化道路，创造了人类文明新形态，开辟了实现中华民族伟大复兴的正确道路，我国正以昂首阔步的姿态迈向第二个百年奋斗目标。中国共产党的百年奋斗取得的成功是马克思主义基本原理同中国具体实际相结合的完美成功，中国的成功为发展中国家选择发展道路树立了典范，提供了道路选择的中国方案，进一步坚定了中国人民的理论自信。

找准历史定位，书写人生华章。尽管我们身处的时代同马克思所处的时代相比发生了巨大而深刻的变化，但我们仍然处于马克思主义所指明的历史时代，马克思主义是我们立党立国的根本指导思想，是我们党的灵魂和旗帜。习近平总书记强调："坚持把马克思主义基本原理同中国具体实际相结合、同中华优秀传统文化相结合。""两个结合"集中反映了新时代中国共产党人对马克思主义发展规律的深刻把握，拓展了马克思主义中国化时代化的内涵和途径。习近平新时代中国特色社会主义思想是坚定自觉坚持和发展马克思主义的典范，是坚持"两个结合"、勇于推进理论创新的成果。马克思主义提供的不是现成的教条，而是进一步研究的出发点和供这种研究使用的方法。我们要坚定不移坚持马克思主义，用结合中国实际发展不断丰富和发展的马克思主义创新理论指导新的实践。

牢记百年初心使命　奋进新时代伟大征程

社会学与人类学学院　刘甜甜

党的十九届六中全会通过的《中共中央关于党的百年奋斗重大成就和历史经验的决议》指出："党确立习近平同志党中央的核心、全党的核心地位，确立习近平新时代中国特色社会主义思想的指导地位，反映了全党全军全国各族人民共同心愿，对新时代党和国家事业发展、对推进中华民族伟大复兴历史进程具有决定性意义。"

"两个确立"是关乎党和国家前途命运、党和人民事业成败的根本性问题，只有党中央有核心、全党有核心，党才有力量。在这第二个百年奋斗目标新的赶考之路下，必须坚定将"两个确立"真正转化为"两个维护"的思想、政治和行动自觉。铭记中国共产党史能深刻认识和了解到中国共产党为什么"能"、马克思主义为什么"行"、中国特色社会主义为什么"好"的道理。

1921 年党的一大召开，以马克思列宁主义为行动指南的无产阶级政党诞生了。这是一个开天辟地的大事件，中国共产党的诞生为处于水深火热中的中国人民送来了希望和光明。2021 年是中国共产党成立 100 周年，党走过千山万水，百年来风雨兼程，百年的党史是一部奋斗史。中国共产党的百年历史可分为四个阶段：新民主主义革命时期（1921—1949）、社会主义革命和建设时期（1949—1978）、改革开放和社会主义现代化建设新时期（1978—2012）、中国特色社会主义新时代（2012—至今）。我深刻地感受到 100 多年来，中国共产党不忘初心、牢记使命，始终为中国人民谋幸福、为中华民族谋复兴，取得了引以为傲的辉煌成就。

党的百年历史充分反映出中国特色社会主义道路是历史的选择、人民的选择，这也是最根本的历史必然性。党走的是一条适合中国国情的革命道路，党始终与群众保持联系，从群众中来，到群众中去。党始终走在时代的前列，保持自我革命，保持党的先进性，从毛泽东思想、邓小平理论、"三个代表"重要思想、科学发展观到习近平新时代中国特色社会主义思想，充分反映出党坚持把马克思主义基本原理同中国具体实际相结合，推动马克思主义中国化。

西方列强入侵、封建统治腐败，中国沦为半殖民地半封建社会。中国共产党一经成立，就承担着领导中国人民反帝反封建革命的历史重任，在大革命、土地革命和抗日战争时期的经验使得中国共产党成为一个政治上成熟的政党，1940 年提出的新民主主义理论是党将马克思主义的基本原理同中国的具体实际相结合，在认真总结中国革命实践经验基础上形成的独创性的理论成果。

1949 年 10 月 1 日，中华人民共和国开国大典在北京天安门广场隆重举行，毛泽东主席在天安门向全世界宣告"中华人民共和国中央人民政府今天成立了！"党自 1921

年领导全国人民经历了艰苦卓绝的 28 年历史奋斗征程。抗美援朝在党的带领下取得全面胜利，这使得中国人民在新中国成立后真正站稳脚跟、屹立于世界东方。我深刻感受到中华儿女自强不息的奋斗精神，敬佩之情油然而生。土地改革、镇压反革命运动和"三反""五反"运动促进中国人民民主革命反封建斗争完成，在改革封建婚姻制度中，中央人民政府颁布《中华人民共和国婚姻法》，明确废除封建主义婚姻制度，实行婚姻自由、一夫一妻制，这是几千年来中国社会家庭生活的一个伟大变革，提高了妇女的社会地位。

党领导人民进行社会主义建设的实践探索，首先是确立工人阶级领导的、以工农联盟为基础的人民民主专政的国体、民主集中制的人民代表大会制度的政体、以公有制为基础的社会主义基本经济制度，为我国提供了重要的制度基础和保障。其次是建立了独立的、比较完整的工业体系和国民经济体系。另外提出社会主义社会分为两个发展阶段并提出四个现代化的目标。最后是为我国的社会主义建设创造了有利的国际和平环境。

党的十一届三中全会实现了伟大的历史转折，开启了改革开放和社会主义现代化的伟大征程，这是党的历史上值得也必然会载入史册的时刻，党的工作重点转移到了社会主义现代化建设上来。改革开放是党的伟大觉醒，顺应了时代的潮流。现如今，改革开放四十多年的宝贵经验是党丰富的精神财富，对于新时代中国特色社会主义的发展也具有指导意义，令人更加坚信党能够带领全国人民迈向两个一百年的光辉目标。

科教兴国战略、可持续发展战略、西部大开发战略、"引进来"和"走出去"战略等一系列重大战略，有力推动了中国特色社会主义事业的跨世纪发展。科教兴国强调科学技术就是第一生产力，把科学和教育摆在重要的位置；可持续发展是针对全球资源、能源和环境问题提出的惠及后代的战略思想；西部大开发有利于国家整体的经济发展；改革初期以"引进来"为主，兴办经济特区，开放沿海口岸，2008 年世界金融危机后，是利用外资调整为平稳增长的阶段。"一带一路"倡议推动我国的对外开放的水平进入了新阶段，了解不同的文化，尊重差异，相互交流，推动构建人类命运共同体，为人类幸福而奋斗。

党的十九大报告《决胜全面建成小康社会 夺取新时代中国特色社会主义伟大胜利》明确表示，要高举中国特色社会主义的伟大旗帜，决胜全面建成小康社会，为实现中华民族伟大复兴的中国梦而不懈奋斗。2020 年新冠疫情发生以来，党将人民的生命安全放在第一位，全国人民齐心协力抗击疫情。无数共产党员冒着被感染甚至牺牲的危险，用实际行动诠释了舍生忘死、勇于担当的抗疫精神。哪有什么岁月静好，只不过是有人为你负重前行。

当今世界正经历百年未有之大变局、我国正处于"两个一百年"奋斗目标的历史交汇点上，带领 14 亿中国人走向美好未来的只有中国共产党，中国共产党一诞生，就为中国人民谋幸福、为中华民族谋复兴。未来，中国共产党将勇往直前，砥砺前行，牢记百年初心使命，奋进新时代伟大征程。

论冬奥会成功举办所体现之精神

法学院　周钰琪

历时七年的时间，克服各种艰难险阻，我们成功举办 2022 年北京冬奥会和冬残奥会。习近平总书记在北京冬奥会、冬残奥会总结表彰大会上发表重要讲话，充分肯定了北京冬奥会、冬残奥会的伟大成绩，回顾七年的举办历程，深刻阐述冬奥会精神，为各类工作的开展指明方向。我从以下五点谈谈我的理解。

第一点，胸怀大局。"胸怀大局，就是心系祖国、志存高远，把筹办举办北京冬奥会、冬残奥会作为'国之大者'，以为国争光为己任，以为国建功为光荣，勇于承担使命责任，为了祖国和人民团结一心、奋力拼搏。"在冬奥会举办期间，无数运动员怀着肩负责任的初衷，怀着为国争光的信念出发。在速度滑冰男子 500 米的大战中，高亭宇以"34 秒 32"的成绩获得冠军；谷爱凌以出色的表现获得三枚奖牌。不仅仅是运动员，还包括志愿者队伍、办赛人员、医疗保障人员等，都倾情付出、努力贡献自己的力量。他们胸怀"国之大者"，为国分忧、敢于担当的精神值得我们学习。

第二点，自信开放。"自信开放，就是雍容大度、开放包容，坚持中国特色社会主义道路自信、理论自信、制度自信、文化自信，以创造性转化、创新性发展传递深厚文化底蕴，以大道至简彰显悠久文明理念，以热情好客展现中国人民的真诚友善，以文明交流促进世界各国人民相互理解和友谊。"习近平总书记说："过去想都不敢想的事情，现在我们敢去想，而且想了就能去做，做了就能做成。"中国人的自信已经不需要极力表现来获得认可，我们已经有了平视世界的底气和实力。这源于我们的制度优势、来自我们坚实的物质基础和经济保障。雪花花灯点亮会徽的开展表演，折柳寄情的缅怀时刻，一夜梦回 2008 年的火炬熄灭。十二生肖的出场，二十四节气倒计时，从"我"到"我们"，折射着中国式浪漫的气魄和从容。历史和现实告诉我们，坚持马克思主义，坚持中国特色社会主义是正确的，我们必须沿着这条路继续走下去。

第三点，迎难而上。"迎难而上，就是苦干实干、坚韧不拔，保持知重负重、直面挑战的昂扬斗志，百折不挠克服困难、战胜风险，为了胜利勇往直前。"从全世界范围来讲，疫情肆虐，毫无疑问，这极大地增加了举办奥运的难度，要做好疫情防控和奥运举办两方面的工作，是非常大的挑战，也是世界性难题。而我们秉持着"一刻也不能停，一步也不能错，一天也误不起"的理念，所有场馆建设提前一年完成，采取闭环的方式，成功举办奥运会，这无疑惊艳世界。在任何时期，我们都会遇到不同的困难，而冬奥精神告诉我们的方法论，就是逢山开路，遇水架桥。

第四点，追求卓越。"追求卓越，就是执着专注、一丝不苟，坚持最高标准、最严要求，精心规划设计，精心雕琢打磨，精心磨合演练，不断突破和创造奇迹。"冬奥会的各方面都是最高要求、最高标准，包括场馆的设计、开闭幕式的基本流程等。比如第一次实现所有场馆 100% 绿色供电，让 2022 年北京奥委会成为第一个"碳中和"的奥运会。比如闭环管理，闭环内区域与闭环外区域采用物理隔离，单独设置进出通道，做到空间分区、人员分类、持证进入，严禁人员跨区活动。精益求精一直是我们做事的基本要求，只有做到精益求精，才能交出高分答卷。

第五点，共创未来。"共创未来，就是协同联动、紧密携手，坚持'一起向未来'和'更团结'相互呼应，面朝中国发展未来，面向人类发展未来，向世界发出携手构建人类命运共同体的热情呼唤。""一起向未来"是 2022 年北京冬奥会的口号，是态度倡议，更是行动方案。"更快、更高、更强、更团结"是奥林匹克精神，而"一起向未来"便是"更团结"的体现。从"我"到"我们"的转变，彰显了人类命运共同的情怀。世界大同，天下一家，我们唯有携手共进，站在历史正确的一面，才能实现进步和发展。

正确把握共同富裕内涵，提升社会发展平衡性

——驳"共同富裕就是劫富济贫"

法学院　　王梓浛

一、问题之缘起

在 2021 年，国家约谈了美团，处罚了包括蚂蚁金服在内的一系列民营企业巨头的违法违规行为，并要求它们在共同富裕中"承担应有的社会责任"。此外，党中央在各个重要会议中开始更多次强调"共同富裕""第三次分配"。

对此，部分境外媒体故意误导，认为这一系列措施是要"劫富济贫"——《华尔街日报》在 8 月 28 日的报道中称，共同富裕"更倾向于消灭富人或者至少削减他们的财富"。美国之音 9 月 2 日刊文称中国促进共同富裕"意味着一个'劫富济贫'、政策取向更为保守时代的到来"。

实际上，此类观点从根本上歪曲了共同富裕的深刻内涵。事实上，对于什么是共同富裕、如何实现共同富裕，党中央已经有过表态。2021 年 8 月 26 日，中央财办分管日常工作的副主任韩文秀在答记者问时表示，共同富裕是社会主义的本质要求，要鼓励勤劳致富、创新致富，不搞"杀富济贫"。此外他还指出，第三次分配是基于自愿的分配，并不强制；并表态将以国家税收政策支持第三次分配。

本文将阐释习近平总书记关于共同富裕的论述的深刻内涵，纠正对共同富裕的认识误区，引导人们向着建设共同富裕的社会主义进发。

二、从概念来看——"共同富裕"明显区别于"劫富济贫"

习近平总书记是共同富裕理念的拓展者，他既继承了邓小平的共同富裕思想，又结合新时代的主要矛盾发展了共同富裕思想。通过研读习近平总书记的著作，我们可以把握习近平总书记的共同富裕思想的丰富内涵。

在第 20 期《求是》杂志当中，习近平总书记发表的重要文章《扎实推动共同富裕》进一步指出："我们说的共同富裕是全体人民共同富裕，是人民群众物质生活和精神生活都富裕，不是少数人的富裕，也不是整齐划一的平均主义。"

从习近平总书记以上两个具有代表性的论述当中，我们可以看出，习近平的共同富裕思想既有传承性又有创新性。传承性表现在，习近平总书记依然强调共同富裕不是平均主义；创新性表现在，习近平总书记一方面明确指出共同富裕允许社会差距的存在，另一方面强调共同富裕既包括物质方面的共同富裕，又包括精神层面的共同富裕，这显

然是结合新时代社会主要矛盾所作出的科学研判。

认为共同富裕即劫富济贫的人的逻辑是，共同富裕就是平均主义，不允许社会差距，故要通过劫富济贫消灭社会差距。这种逻辑只片面地看到了"共同富裕"中的"共同"二字，而忽略了"富裕"二字，并且认为共同富裕只是物质方面的富裕。

实际上，上述逻辑的起点就有问题。共同富裕要消灭的是两极分化，而不是社会差距；共同富裕不是指平均主义，而是说在每个人生活都富足的前提下，允许适当的差距的存在，所以根本不需要劫富济贫以达到绝对平均。共同富裕是最终目标，不是手段，"富裕"是核心词，然后才是"共同"，习近平总书记是在富裕的前提下强调共同。共同富裕不是简单仅指物质财富的分配，同时还是对精神方面的强调；即使是在物质方面，共同富裕也不是指把一部分人静态的现有财富强行划给另一部分贫穷的人（是一个静态表象），它强调的是在动态的财富总量增加过程中的分配正义（是一个动态过程）。综上所述，习近平总书记关于共同富裕的论述已经明确了"劫富济贫"存在大前提的错误。

三、从实现方式来看——共同富裕不会通过劫富济贫的手段实现

误认为共同富裕就是劫富济贫的人会认为，由于现在贫富差距过大，因此国家接下来将通过强制手段，强逼高收入者（尤其是民营企业巨头）拿出自己的部分收入，给予低收入者。

然而，这种新时代"打土豪、分田地"的做法很明显是不可能出现的。暂且不论习近平总书记多次肯定民营企业在社会主义社会的重要作用，单从我国宪法法律来说，私有财产受宪法法律保护，党依法执政、政府依法行政，就不可能出现新时代的"打土豪、分田地"；而且如果真这么做的话，将导致民营企业的凋零，这对我国经济发展将造成巨大打击。所以我们党不可能通过劫富济贫的手段实现共同富裕的目的，因为这种手段本身就不能实现共同富裕，只会导致经济停滞、共同贫穷。

那么，我们党将如何带领中国人民实现共同富裕？

2022 年 1 月 17 日，习近平在 2022 年世界经济论坛视频会议的演讲中提道："中国明确提出要推动人的全面发展、全体人民共同富裕取得更为明显的实质性进展，将为此在各方面进行努力。中国要实现共同富裕，但不是搞平均主义，而是要先把'蛋糕'做大，然后通过合理的制度安排把'蛋糕'分好，水涨船高、各得其所，让发展成果更多更公平惠及全体人民。"

从习近平总书记的上述论述中可以看出，我们党将同时在生产环节与分配环节发力，即在生产环节实现"富裕"后（把"蛋糕"做大），在分配环节实现"共同"（把"蛋糕"分好）。从经济学的角度来看，在"生产—第一次分配—第二次分配—第三次分配"的链条当中，这一方向性指导已经在具体改革中得以体现。在生产环节，我们党始终坚持公有制的主体地位，同时发展混合所有制经济以增强公有资本的活力，例如启动国企的股份制改革，这一措施既克服了私人资本的局限性，又为公有资本注入发展活力；在第一次分配环节，我们党强调各个生产要素的作用，在按劳分配的同时，与时俱进地吸纳多种分配方式，例如在第十九届四中全会，我们党明确把数据要素纳入生产

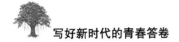

要素参与分配，就是在与时俱进，引导数字经济的发展、做大数字经济的"蛋糕"；在第二次分配环节，我们党建立了一系列宏观调控制度，我们的政府通过税收、扶贫及社会保障等方式进行再分配，例如近些年进行的个税改革、房地产税试点，实际就是在缩小收入差距；在第三次分配环节，我们党引导企业从事慈善事业，持续通过媒体营造褒扬慈善的氛围，进而回馈企业，从正面激励企业参与第三次分配，例如2021年时媒体宣传在河南洪灾中屡屡默默捐款的民族品牌鸿星尔克，引导网民们赞扬该企业，网民们纷纷购买该企业的产品，以至于其产品一度脱销。

四、结语

不论是从概念来看还是从实现手段来看，共同富裕都不是劫富济贫。共同富裕要消灭的是两极分化而非社会差距，既强调物质方面的共同富裕也强调精神方面的共同富裕。其主要手段不是"打土豪、分田地"，或是降低高收入者的合法收入，而是通过三次分配机制，使更多的低收入者进入中等收入者的行列，让更多的贫困人口走上富裕之路，最终实现社会差距的缩小，并实现共同富裕。

只有领会了习近平总书记关于共同富裕的论述精神，才能正确把握共同富裕的内涵，纠正"共同富裕即劫富济贫"的错误看法，引导全体社会成员齐心参与共同富裕的建设，实现社会发展的平衡性。

高举旗帜，引领导向

——用马克思主义指导新闻传播学学习

新闻传播学院　赵高阳

新媒体时代，信息传播方式、传播内容都在发生着剧烈的变化。在当下大学校园里，大学生们普遍存在着刷抖音、追热搜，依赖手机、沉迷网络的现象。与此同时，国内外少数别有用心者借助新闻热点事件散播负面观点和煽动性言论，企图通过此途径影响青少年理想信念，阻碍中国特色社会主义的发展。为坚持新闻事业发展的核心，保证马克思主义的指路明灯地位，加强当代大学生的马克思主义教育，帮助大学生树立社会主义核心价值观、助力大学生理想信念的形成势在必行。

习近平总书记指出："新闻观是新闻舆论工作的灵魂。要深入开展马克思主义新闻观教育，引导广大新闻舆论工作者做党的政策主张的传播者、时代风云的记录者、社会进步的推动者、公平正义的守望者。"对于当代新闻传播学专业的学生来说，将马克思主义基本理论同自身学科相融合，就是要深入学习马克思主义新闻观。马克思主义新闻观不仅能够加强当代大学生的思想建设，促进当代大学生正确价值观的形成，还能帮助大学生养成良好的知识学习习惯，有助于当代大学生从现实世界出发，理性看待社会现实的正负两面，提高价值判断力和辨别力，提升思想政治觉悟。

马克思主义新闻观中国化的当代探索，凝聚了几代中国共产党领导人对于党的新闻舆论工作的艰苦探索和党的新闻舆论工作者新闻实践的成果；在继承和发扬党的新闻工作的优良传统的基础上，开拓创新，体现了与时俱进的理论品格和实践特征。

一、用马克思主义新闻观指导学术思考

习近平总书记出于对我国意识形态领域复杂形势的深刻把握和对我国新闻舆论战线队伍现状的准确判断，明确强调意识形态工作是一项极端重要的工作，提出要"巩固马克思主义在意识形态领域的指导地位"，要把系统掌握马克思主义基本理论作为"看家本领"，要学会运用马克思主义立场、观点、方法观察和解决问题，坚定理想信念，要建设一支高素质的宣传思想文化队伍，努力开创宣传思想文化工作新局面。

身为新闻传播学专业的学生，我认为在学习采写、拍摄、访谈等"术"之前，更重要的是用马克思主义理论指导实践，引领学术道路。

既然谈到新闻学，就不得不提到新闻自由。新闻自由一直是我国新闻界关注的重要话题。到底什么是新闻自由，如何看待西方国家的新闻自由，又如何看待我国的新闻自由，这是新闻院校的学生们常常会问起的问题。西方一直鼓吹的所谓新闻自由真的符合

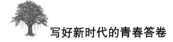

广大人民群众的利益吗？西方鼓吹的新闻自由，本质上是资产阶级新闻自由。一些人宣扬西方新闻观，标榜西方媒体是"社会公器""第四权力""无冕之王"，鼓吹抽象的绝对的"新闻自由"，这些谬论，至今对我们一些新闻学子还有一定的负面影响。在市场化新闻理论的指导下，西方国家所谓的新闻自由不过是资本家控制社会、愚弄平民的工具。事实上，西方国家的新闻自由不可避免地向着低俗靠拢，以"娱乐至死"的观念控制平民的思想。我们作为当代新闻学专业的学生万不可被迷惑，而马克思主义新闻观，就是保障新闻学航船行稳致远的压舱石。

二、用马克思主义新闻观提升辨别能力

新闻学是一门党性与应用性、政治性与实践性都十分鲜明的学科。新闻信息的传播与接受活动，有新闻生产者、新闻经营者、新闻管理者等许多群体参与。这些数以万计的群体和个人的活动，都离不开复杂多样的观念，都与新闻观发生着直接或间接的关系。但是这也意味着新闻的影响机制、传播效果极为复杂，青少年受到不良信息影响、偏离正轨的可能性较大。少部分大学生在网络世界中易受不良导向影响，以至于轻信谣言，甚至盲目"裸贷"；充当"键盘侠"，肆意发表言论，危及公共安全；成为"低头族"主力军。这些问题的存在，说明大学生首先应该正确认识自己，不随波逐流、不攀比，掌握正确的判断力、分辨力，提高反思的能力和决策力。

面对这些问题，习近平总书记谈道："要利用各种时机和场合，形成有利于培育和弘扬社会主义核心价值观的生活情景和社会氛围，使核心价值观的影响像空气一样无所不在、无时不有。"随着新媒体时代的到来，加强培育大学生的马克思主义新闻观首要的是发挥大学生自身的能动性，让大学生在生活中、实践中提高新闻传播素养，激发学生的家国情怀。马克思主义新闻观不仅能够加强当代大学生的思想建设，促进当代大学生正确价值观的形成，还有助于当代大学生提高价值判断力和辨别力，提高思想政治觉悟。真正帮助当代大学生做到不信谣、不传谣，明是非、知荣辱。

三、用马克思主义新闻观引领理想信念

理想信念关乎个人成长成才，青年学子具有理想信念关乎社会长远发展。高校作为培养大学生理想信念的主阵地，更要充分供给丰富的精神养料，增加理想信念的驱动力、增添理想信念的生命力、增强理想信念的感染力，指引大学生自觉追求更高的人生价值，做有道德、有理想、有本领、有担当的时代新人。对于新闻学专业的学生来说更是如此。当代新闻学专业的学生要深入学习马克思主义新闻观，用马克思主义理论武装自己，树立坚定的理想信念。

2021年7月1日，习近平总书记在中国共产党成立100周年大会上的讲话中指出："新时代的中国青年要以实现中华民族伟大复兴为己任，增强做中国人的志气、骨气、底气，不负时代，不负韶华，不负党和人民的殷切期望。"青年是祖国的未来和民族的希望，其理想信念是否坚定，关乎其是否能够担当历史赋予的重任和时代赋予的使命。在马克思主义新闻观指导下的宣传工作要从高校、家庭和社会多方着手，协同强调马克思主义新闻观培育的必要性和紧迫性，共同树立马克思主义世界观；引导大学生坚定理

想信念，树立为人民服务的人生观，引导大学生肩负历史使命；让大学生在对历史的学习中培养爱国、爱党、爱社会主义的赤子之心，以坚定的理想信念为强大的精神动力，勇担历史赋予的重任和时代赋予的使命，为实现中华民族伟大复兴的中国梦奉献青春和力量。

身为新闻传播学专业的学生，马克思主义基本理论对于我的思想觉悟、学习生活等有着极大的正向影响，指导我确立了正确的世界观、人生观和价值观，指引我提高了科学文化素养和思想道德修养、确立了坚定的理想信念。马克思主义基本原理在新闻传播学的应用更让我对自己的学科有了更深的了解，马克思主义新闻观将在今后继续指导我未来的学习实践。希望马克思主义在未来影响越来越多的青年学子，为当代大学生提供终身受益的精神食粮！

百年征程，强国有我

——论青年的文化自强与使命传承

生命科学学院　　汪思源

百年来，马克思主义及其在中国的发展，为党和人民事业发展提供了科学的理论指导，尤其是作为马克思主义中国化的最新理论成果的习近平新时代中国特色社会主义思想，它引领新时代新青年，巩固文化自信，行至文化自强。青年们跟随光荣的中国共产党，奋进新征程，建功新时代，为中华民族伟大复兴共同奋斗。

马克思主义中国化是历史赋予中国共产党的重要使命。1938 年，针对在教条主义下脱离中国实际讨论马克思主义的情况，毛泽东同志在《论新阶段》中强调："离开中国特点来谈马克思主义，只是抽象的空洞的马克思主义。"在党的六届六中全会上，毛泽东同志正式提出"马克思主义中国化"这一命题，表明只有通过结合中国国情与实际，才能给马克思主义赋予生命力，只有以中国特色为基础的理论创新，才能更好地引领中国人民走向光明未来。正是在一步步的理论创新中，诞生了毛泽东思想、邓小平理论、"三个代表"重要思想、科学发展观、习近平新时代中国特色社会主义思想一系列重大理论成果。

理论指导实践，实践创造时代，在习近平新时代中国特色社会主义思想指引下，当代青年不断坚定文化自信，迸发出靓丽的韶华风采。文化自信的对象，是中国由古至今的文化统一体，中华优秀传统文化、革命文化、社会主义先进文化构成了文化的丰富内涵。青年作为社会中最朝气蓬勃的力量，在文化自信中坚定对马克思主义的崇高信仰，学习最新理论，领会先进思想，关心身边小事，关注国际大事，与时代同频共振，与国家共响齐鸣。

百年回首，以文化自信为媒介，马克思主义中国化的进程离不开青年的力量；俯瞰当今，以文化自强为纽扣，马克思主义中国化与青年的发展同呼吸、共命运；展望未来，要重视对青年的理论思想武装，以文化自信为基础，做到文化自强、传承使命。

马克思主义中国化的进程与青年的发展符合相辅相成的协同关系。马克思主义中国化是青年向正确方向发展的指路明灯，青年的发展是马克思主义中国化不断取得成就的实证与继续推行的动力。回顾百年党史，陈望道不分昼夜地翻译《共产党宣言》、杨匏安向广东人民传播马克思主义先进思想、邓恩铭直面冷刀慷慨就义，近代青年的觉醒将马克思主义引入岌岌可危的中国，一代一代传下马克思主义的接力棒，挽中华民族之狂澜于既倒，扶巍巍中华之大厦于将倾；而马克思主义和中国革命、建设、改革相结合的成果不断引领青年奋发向上，用中国化了的先进理论旗帜凝聚青年、发展青年，反哺时代的发展，用实践证明中国化的正确理论，并进一步推动马克思主义中国化。

在文化维度上，马克思主义中国化与青年力量发展的协调关系得以阐释。作为"更基础、更广泛、更深厚"的自信，文化自信具有三重内涵，包括对民族文化传统的自信、对中国现实发展道路的自信、对中国未来发展前景的自信。

从民族文化传统角度而言，马克思主义与中华传统文化有着共通的特质，中国青年能触类旁通，紧密契合，知行合一。在看待人的角度上，马克思主义以人为本，以人的自由全面发展为目的；中国古语亦曾言"民为邦本，本固邦宁"，指出人民的主体性。在看待本体与变化的角度上，马克思的唯物辩证法用矛盾分析法解释事物联系与发展；道家《周易》名声远扬，以"阴阳五行之气"与"易"为核心解释本体与变化，《道德经》中"反者道之动"更体现出对矛盾发展规律的凝练。在阐释一个理想社会时，马克思以共产主义社会为目标；儒家以仁人君子"美美与共，天下大同"体现对美好社会的向往。在当代教育普及化、大众化的进程下，青年更能将优秀传统文化与马克思主义中国化紧密相连，更加坚定传统文化维度下的文化自信。

从中国现实发展道路的角度而言，马克思主义中国化与现实发展道路是普遍与特殊的矛盾统一体，中国青年生于斯长于斯，新时代下生于盛世，怀一腔热血为国奋进。当前中国，中国特色社会主义道路就是中国现实发展的道路。中国共产党带领人民始终坚持中国特色社会主义道路，贯穿马克思主义的立场、观点、方法，在实践中不断发展、运用马克思主义，通过总结历史经验，探索出实现中国辉煌发展的现实发展道路。中国当代青年生于党旗下、长在春风里，在马克思主义中国化与现实发展道路的有机统一下，坚持文化自信。

从中国未来发展前景的角度而言，马克思主义具有不断发展的无限生命力，与中国发展前进的无限潜能吻合，中国青年不负韶华，肩负建设社会主义现代化强国之重任。习近平同志在概括党的一百年时，强调这一百年"是矢志践行初心使命的一百年，是筚路蓝缕奠基立业的一百年，是创造辉煌开辟未来的一百年"，在中国共产党的领导旗帜下，中国未来发展前景绚烂。马克思主义原著作为经典而非教条，常读常新，其所阐释的基本原理对我们的时代依然有着现实性意义，对过去、当下、未来都具有指导意义，需要我们不断去挖掘其中的理论宝库，在理论中国化的进程中指导中国未来发展。同时，中国青年具有孜孜矻矻、求知若渴的精神特质，跟随党的领导，能在文化自信的基础上，奋进文化自强，做到传承使命，建功新时代。

从文化自信，到文化自强，马克思主义中国化与青年的发展相辅相成。从文化的统一体角度，时代要求我们加强对当代青年的思想武装。而在当下展望未来，青年何为？

中国青年要做到文化自强。文化自强是文化自信的再出发，青年要在把握时代命题的基础上，用科学的理论武装自己，用理性的视野汲取中西文化，并做到善学善用、知行合一。鲁迅曾用"拿来主义"来指导选择与取舍，而马克思主义的世界观与方法论为当代青年"取其精华舍其糟粕"提供了科学的依据。当今世界格局组成复杂多变，在多元文化思想的激荡中，青年应具备对西方"开历史倒车"思潮的识别能力，笃守中国先进文化站位，主动交流世界先进文化思想，与世界其他文明"在交流中互鉴，在互鉴中成长"。

　　中国青年应做好传承使命。传承使命是指传承时代赋予当代青年的重大担当，《新时代的中国青年》要求中国青年做到素质过硬、全面发展，勇挑重担、堪当大任，胸怀世界、展现担当。中国青年不仅个体素质要硬，更要在社会、国家层面实现自身价值，以主人翁的姿态担当国家发展进步的先行者，同时还要走向国际舞台，让世界听到"中国声音"，为世界和平发展贡献"中国智慧"与"中国力量"。

　　文化自强，传承使命，这两者是有机的统一体。一方面，文化传承是传承使命的起点之源；另一方面，传承使命是文化自强的方向所指。文化自强是中国青年由内而外的气质风采，唯有做到传承使命的具体内容，才能既做到固本清源，又做到守正创新，建设社会主义文化强国；传承使命是历史对当代青年赋予的重要任务，只有以文化自强为基点，才能让优秀传统文化、优秀世界文化在文化自信中落到实处，才能从实证上践行中国特色社会主义道路，在世界舞台上成为中国特色文化的代言人。

　　眺望未来，青年当有为！若文化为"一根针"，马克思主义中国化与青年发展则是"两条线索"。只有将"两条线索"拧紧成"一股绳"，文化的"穿针引线"才能顺畅有力。以马克思主义中国化的最新理论成果为指导，当代青年站在文化自信的肩膀之上，方能文化自强，传承使命，奋进征程，建功时代，为中华民族伟大复兴共同奋斗。

以百年党史为鉴，喜迎党的二十大

——新时代的中国青年应有的经验准备

哲学系　姚　橦

一、前言

"青年兴则国家兴，青年强则国家强。青年一代有理想、有本领、有担当，国家就有前途，民族就有希望。"① 展望未来，民族复兴大业已经站在新的历史起点、踏上新的伟大征程。新时代中国青年迎来了实现抱负、施展才华的难得机遇，更肩负着建设社会主义现代化强国、实现中华民族伟大复兴中国梦的时代重任。②

"初心易得，始终难守。以史为鉴，可以知兴替。我们要用历史映照现实，远观未来，从中国共产党的百年奋斗中看清楚，我们为什么能够成功，弄明白未来我们怎样才能继续成功，从而在新的征程上更加坚定，更加自觉地牢记初心使命，开创美好未来。"③

2022 年是中国共青团成立一百周年，也是党的二十大召开之年。在"两个一百年"奋斗目标的历史交汇期，新时代的中国青年从党史学习中获得必要的历史经验，以更好的姿态迎接党的二十大胜利召开，踏上实现第二个百年奋斗目标的新征程，是极其重要的。

二、以百年党史为鉴：新时代的中国青年应当从党史学习中获得的历史经验

（一）坚持中国共产党的领导，坚持崇高的理想信念

"中国共产党领导是中国特色社会主义最本质的特征，是中国特色社会主义制度的最大优势，是党和国家的根本所在、命脉所系，是全国各族人民的利益所系、命运所系。"④

历史清晰而深刻地昭示，没有中国共产党就没有朝气蓬勃的中国青年运动，矢志不渝跟党走是中国青年百年奋斗的最宝贵经验，深深融入血脉的红色基因是中国青年百年奋斗的最宝贵财富。在党的坚强领导下，新时代的中国青年生逢盛世，共享发展机遇，

---

① 习近平：《习近平谈治国理政》，外文出版社 2020 年版，第 54 页。

② 国务院新闻办公室：《新时代的中国青年》，人民网，2022 年 4 月 21 日。

③ 习近平：《在庆祝中国共产党成立 100 周年大会上的讲话》，形势政策网，2021 年 7 月 2 日。

④ 习近平：《在庆祝中国共产党成立 100 周年大会上的讲话》，形势政策网，2021 年 7 月 2 日。

拥有更高质量的发展条件、获得更多人生出彩机会、享受更全面的保障支持。①

新时代的中国青年坚定马克思主义信仰，以共产主义远大理想和中国特色社会主义共同理想为自身高贵的政治灵魂和精神支柱，勇当时代弄潮儿，争做走在时代前列的开创者、奋进者和奉献者，以"功成不必在我、功成必定有我"的精神，为喜迎党的二十大，实现第二个百年奋斗目标奉献青春，在实现中国梦的伟大征程上实现青春梦想。

（二）坚持人民至上，坚持与人民群众保持血肉联系

党的根基在人民、血脉在人民、力量在人民，人民是党执政兴国的最大底气。民心是最大的政治，正义是最强的力量。党的最大政治优势是密切联系群众，党执政后的最大危险是脱离群众。

党的初心和使命，就是为中国人民谋幸福，为中华民族谋复兴。一百年来，党始终坚持全心全意为人民服务的根本宗旨，尊重人民的主体地位，发挥人民首创精神，践行党的群众路线和党在社会主义初级阶段的基本路线这个党的生命线、人民群众的幸福线，创造了一个又一个发展奇迹。中国人民实现了从站起来、富起来到强起来的伟大历史飞跃，朝着实现共同富裕的根本目标胜利前进。

新冠疫情发生以来，新时代的中国青年勇于冲锋在疫情防控第一线，争当志愿医务工作者，为保障疫情防控取得的成果作出突出贡献。只有扎根于人民群众的现实生活，回应人民群众的迫切需要，新时代的中国青年的奋斗才真正具有价值。

（三）坚持马克思主义中国化，坚持习近平新时代中国特色社会主义思想

"马克思主义是我们立党立国、兴党强国的根本指导思想。马克思主义理论不是教条而是行动指南，必须随着实践发展而发展，必须中国化才能落地生根、本土化才能深入人心。"② 中国共产党为什么能，中国特色社会主义为什么好，归根到底是因为马克思主义行！

世界百年未有之大变局加速演进，世界进入新的动荡变革期，迫切需要回答好"世界怎么了""人类向何处去"的时代之题。要坚持把马克思主义基本原理同中国具体实际相结合、同中华优秀传统文化相结合，立足中华民族伟大复兴战略全局和世界百年未有之大变局，不断推进马克思主义中国化时代化。③ 习近平新时代中国特色社会主义思想是当代中国马克思主义、21 世纪马克思主义，是中华文化和中国精神的时代精华，是实现中华民族伟大复兴的行动指南。

在新时代，增强"四个意识"，坚定"四个自信"，做到"两个维护"，牢记"国之大者"，不仅是每个中国共产党员的政治操守和党性作风，更是每个致力于维护祖国统一和民族团结，致力于实现国家富强、民族复兴和人民幸福的新时代的中国青年的思想原则与行动指南。

---

① 国务院新闻办公室：《新时代的中国青年》，人民网，2022 年 4 月 21 日。

② 《中共中央关于党的百年奋斗重大成就和历史经验的决议》，中华人民共和国中央人民政府门户网站，2021 年 11 月 16 日。

③ 《习近平在中国人民大学考察时强调：坚持党的领导传承红色基因扎根中国大地 走出一条建设中国特色世界一流大学新路》，见《人民日报》2022 年 4 月 26 日第 1 版要闻。

（四）坚持和发展中国特色社会主义，坚持"四个自信"和社会主义核心价值观

"中国特色社会主义是党和人民历经千辛万苦、付出巨大代价取得的根本成就，是实现中华民族伟大复兴的正确道路。我们坚持和发展中国特色社会主义，推动物质文明、政治文明、精神文明、社会文明、生态文明协调发展，创造了中国式现代化新道路，创造了人类文明新形态。"①

坚持"四个自信"，从根本上说，就是坚持中国特色社会主义自信。"文化自信是更基础、更广泛、更深厚的自信，是一个国家、一个民族发展中最基本、最深沉、最持久的力量，没有高度文化自信、没有文化繁荣兴盛就没有中华民族伟大复兴。"②

一个国家的文化软实力，从根本上说，取决于其核心价值观的生命力、凝聚力和感召力。作为当代中国精神的集中体现，社会主义核心价值观既继承了中华优秀传统文化、体现了社会主义的本质要求，又吸收了世界文明的有益成果，体现了时代精神。

扎根中国大地，"广大青年要做社会主义核心价值观的坚定信仰者、积极传播者、模范践行者，向英雄学习、向前辈学习、向榜样学习，争做堪当民族复兴重任的时代新人，在实现中华民族伟大复兴的时代洪流中踔厉奋发、勇毅前进"③。

（五）坚持进行具有许多新的历史特点的伟大斗争，坚持伟大斗争精神

"敢于斗争、敢于胜利，是中国共产党不可战胜的强大精神力量。实现伟大梦想就要顽强拼搏、不懈奋斗。"④

党的十八大以来，在以习近平同志为核心的党中央坚强领导下，党团结带领中国人民统筹推进"五位一体"总体布局，协调推进"四个全面"战略布局，坚持稳中求进的工作总基调，积极与国内外不利条件作斗争，取得了"三大攻坚战"的阶段性胜利，在斗争中进行党的建设的伟大工程，消除绝对贫困，取得疫情防控阻击战的基本胜利，全国人民满怀更坚定的信心踏上全面建设社会主义现代化强国的新征程。"今天，我们比历史上任何时期都更接近、更有信心和能力实现中华民族伟大复兴的目标。"⑤

新时代的中国青年坚持斗争精神，"深刻认识我国社会主要矛盾变化带来的新特征新要求，深刻认识错综复杂的国际环境带来的新矛盾新挑战，敢于斗争，善于斗争，逢山开道、遇水架桥，勇于战胜一切风险挑战！"⑥

三、喜迎党的二十大：从历史经验转向面对未来的经验准备

党史是鲜活的。唯物史观从来不把历史简单地视为过去的、僵死事实的堆砌，而是

① 习近平：《在庆祝中国共产党成立 100 周年大会上的讲话》，形势政策网，2021 年 7 月 2 日。

② 《中共中央关于党的百年奋斗重大成就和历史经验的决议》，中华人民共和国中央人民政府门户网站，2021 年 11 月 16 日。

③ 《习近平在中国人民大学考察时强调：坚持党的领导传承红色基因扎根中国大地 走出一条建设中国特色世界一流大学新路》，见《人民日报》2022 年 4 月 26 日第 1 版要闻。

④ 习近平：《在庆祝中国共产党成立 100 周年大会上的讲话》，形势政策网，2021 年 7 月 2 日。

⑤ 习近平：《论中国共产党历史》，《新时代中国共产党的历史使命》，中央文献出版社，2021 年 2 月第 1 版，第 181 页。

⑥ 习近平：《在庆祝中国共产党成立 100 周年大会上的讲话》，形势政策网，2021 年 7 月 2 日。

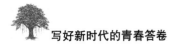

视为过去、现在和未来"三位一体"的有机统一，尤其是将历史置于"未来"的视域中。人的历史是在人的活动及其所创造的感性世界的交互作用中展开的，人的实践无止境，历史的演变也是无止境的。只要"中国模式"仍然在世界上焕发生机，针对社会主义和共产主义的任何形式的"历史终结论"和"社会主义失败论"本身就要终结、本身就是失败的。

生逢盛世，当不负盛世。"立足新时代新征程，中国青年的奋斗目标和前行方向归结到一点，就是坚定不移听党话、跟党走，努力成长为堪当民族复兴重任的时代新人。希望广大青年用脚步丈量祖国大地，用眼睛发现中国精神，用耳朵倾听人民呼声，用内心感应时代脉搏，把对祖国血浓于水、与人民同呼吸共命运的情感贯穿学业全过程、融汇在事业追求中。"①

以史为鉴，开创未来。只有做好上述五项经验准备，新时代的中国青年才能更好地迎接党的二十大，更好地肩负起新时代历史使命！

---

① 《习近平在中国人民大学考察时强调：坚持党的领导传承红色基因扎根中国大地 走出一条建设中国特色世界一流大学新路》，见《人民日报》2022年4月26日第1版要闻。

从碳达峰到碳中和 推动生态文明建设

公共卫生学院（深圳） 曹梦婷

纵观世界发展史，保护生态环境就是保护生产力，改善生态环境就是发展生产力。良好的生态环境是最公平的公共产品，是最普惠的民生福祉。生态文明建设是中国特色社会主义事业的重要内容，关系人民福祉，关乎民族未来，事关"两个一百年"奋斗目标和中华民族伟大复兴中国梦的实现。2020 年 9 月 22 日，习近平总书记在第七十五届联合国大会一般性辩论上郑重宣布："中国将提高国家自主贡献力度，采取更加有力的政策和措施，二氧化碳排放力争于 2030 年前达到峰值，努力争取 2060 年前实现碳中和。"

近 100 年来，CO_2 的增加使地球表面的温度升高了 0.3 ~ 0.6 ℃，海平面上升了 10 ~25 cm。气候的变暖，有利于病原体以及有关生物的繁殖，从而引起生物媒介的分布发生变化，使其流行范围与程度扩大；其次，气候变暖可导致与暑热相关疾病的发病率与死亡率增加；此外，气候变暖引起的全球降水量的变化，可导致洪水、干旱以及森林火灾发生次数的增加。对此，我国正式提出力争在 2030 年前实现"碳达峰"、2060年前实现"碳中和"的目标，彰显了我国坚定不移走生态优先、绿色低碳发展道路的决心和信心。

"碳中和"是国际社会的共识，是我国实现生态文明建设、改善能源结构的关键之举，也是体现人类命运共同体理念的重要措施。

做好碳达峰碳中和工作是建设生态文明的战略措施。生态兴则文明兴，生态衰则文明衰。马克思、恩格斯曾指出"人是自然界的一部分"，人类在同自然的互动中生产、生活、发展，"不以伟大的自然规律为依据的人类计划，只会带来灾难"。党的十八大以来，以习近平同志为核心的党中央以前所未有的力度抓生态文明建设，确立了习近平生态文明思想，全党全国推动绿色发展的自觉性和主动性显著增强，建设美丽中国迈出重大步伐，我国生态环境保护发生历史性、转折性、全局性变化，生态文明建设取得历史性成就。无论是从人类健康的角度还是从生物多样性可持续发展方面来看，做好碳达峰碳中和工作，都是缓解气候变暖所带来的危害、促进社会经济发展全面绿色转型、促进中国特色生态文明建设取得新成就的重要措施。

做好碳达峰碳中和工作是能源转型的重要保障。在实现碳达峰碳中和目标的过程中，减污降碳，能源结构调整是最关键一环。国家能源局曾提出 2021 年能源领域的主要预期目标，明确煤炭消费比重将下降到 56% 以下，电能占终端能源消费比重力争达到 28% 左右。我国应对气候变化的坚定决心，将使中国经济结构和经济社会运转方式产生深刻变革，环境规制的范围将进一步从高污染行业扩大到高排放行业，在未来 40

年极大促进我国产业链的清洁化和绿色化。从根本上而言，国家气候变化应对和相关碳减排政策的出发点应是服务于经济发展，而不是反过来让经济发展服务于气候变化和实现碳达峰碳中和。实现 2030 年和 2060 年的双碳目标，注定要走一段困难但是必须要走的路。从国际角度看，碳排放权是国家发展的权利，碳排放的减少会直接影响到经济的发展，但我们决不能以牺牲环境来换取经济的短期增长，当经历过转型的阵痛，必将迎来一番产业更加优化、高新技术蓬勃发展的新气象。做好碳达峰碳中和工作，以绿色、可持续的方式满足经济社会发展所必需的能源需求，中国经济发展会更加稳固和长远，建设绿色美丽中国目标终将实现。

做好碳达峰碳中和工作是大国责任担当的重要体现。在中国为全球气候变化作出巨大努力与贡献的同时，仍有不少"阴谋论""谎言论"和"甩锅论"的影子。我们应深知全球气候治理不是零和博弈，而是关乎全人类利益的大事，气候变化无国界，应对气候变化是人类面临的共同挑战，任何国家都难以在气候危机中独善其身，国际社会应当携起手来，共同构建地球生命共同体，共同建设清洁美丽的世界。中国作为世界上最大的发展中国家，承诺实现从碳达峰到碳中和的时间远远短于发达国家所用时间，将用全球历史上最短的时间完成全球最大幅度的碳排放量减少。调整能源结构，改变经济架构以减少碳排放体现了中国最大的雄心壮志，证明了中国有能力、有义务、有决心站上世界的舞台并发挥自己的作用。中国碳排放碳中和目标的设定，为《巴黎协定》注入了强大动力，为进一步构建人类命运共同体作出巨大贡献。

自 1921 年成立以来，中国共产党已经走过了一百多年的风风雨雨，百年辉煌已被历史镌刻。但我们政党的步伐，永不停歇，持续向新的百年、新的征程关口奋勇迈进。当今世界百年未有之大变局加速演进，"单边主义""逆全球化"趋势上升，国际形势变幻多端。面对碳达峰碳中和这场硬仗，我们要更加紧密地团结在以习近平同志为核心的党中央周围，永葆"闯"的精神、"创"的劲头、"干"的作风，脚踏实地、埋头苦干、砥砺前行。

习近平总书记在参加 2021 年首都义务植树活动时强调："我们要牢固树立绿水青山就是金山银山理念，坚定不移走生态优先、绿色发展之路，增加森林面积、提高森林质量，提升生态系统碳汇增量，为实现我国碳达峰碳中和目标、维护全球生态安全作出更大贡献。"

守护美好家园，助力绿色梦想。我们向生态文明建设已经迈出了伟大的一步，所谓"行百里者半九十"，越是接近目标，任务就越艰巨。展望未来，生态文明建设的征程依然任重道远，我们要继续坚定不移高举真理旗帜，坚持中国特色社会主义道路，共同建设清洁美丽的世界。

民主政治的中国实践

政治与公共事务管理学院　　卿子欣

"民为邦本，本固邦宁。"民主是人类义明的象征，是现代化国家的标志，也是后工业国家所共同追求的目标。我国历朝历代的政治思想家均表达过对民主的追求，老子强调统治者要充分尊重百姓的意愿，贯彻"无为"之道，做到"圣人无常心，以百姓心为心"；孟子也多次表达过"民为贵，社稷次之，君为轻"的民本思想。作为社会主义政治的重要组成部分，民主理念也贯彻于中国特色社会主义的伟大实践中，成为保障国家凝聚力、提升社会创造力、全面建设社会主义现代化国家的"治理密码"。

历史和现实表明，人民民主是中国共产党始终高举的旗帜。党的十九届六中全会指出："党的根基在人民、血脉在人民、力量在人民，人民是党执政兴国的最大底气。"新中国成立以来，在中国共产党的领导下，社会主义民主政治建设不断发展，广大人民群众在党和国家的领导下紧密联系在一起。

2022 年，中国共产党第二十次全国代表大会召开，这是在进入全面建设社会主义现代化国家、向第二个百年奋斗目标进军新征程的重要时刻召开的一次重要的大会。如何认识民主思想在中国发展中的历史进程，如何理解新时代下中国的民主实践，如何把握中国特色社会主义民主政治的未来成为一个内涵丰富的议题。

一、马克思主义的中国特色民主理论

马克思、恩格斯针对国家和民主提出了许多重要的论述。恩格斯在讨论国家的起源时强调国家是阶级矛盾不可调和的产物，是一个阶级压迫另一个阶级的机器。在这样的背景下，马克思进一步指出政治国家的关键在于发展民主。在他看来，国家是抽象的，正是人民构成了现实的国家，民主是人类政治发展的价值追求，也是无产阶级革命和社会主义建设的价值目标和价值理想之一。

习近平总书记在纪念马克思诞辰 200 周年大会上指出："学习马克思，就要学习和实践马克思主义关于人民民主的思想。"在马克思主义的指导下，中国共产党积极探索民主政治建设的理论价值，创造了选举民主与决策民主并重、直接民主与间接民主互补、协商民主与票决民主相结合的具有中国特色的民主模式，民主政治理论也在实践中不断发展和创新。在这片广袤的国土之上，一个个动人的中国故事、一次次深刻的中国实践为中国民主政治理论的发展提供了丰富的资源，对协商民主的强调上升到国家制度的建构、全过程人民民主概念及理论的逐渐形成，这些都展现出民主政治建设的中国方案。

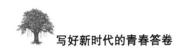

二、新中国成立以来民主政治的实践与成就

没有最好的民主模式，只有最适合本国国情的民主。中国共产党依靠百年的奋斗实践和 70 多年的执政经验，在积极学习借鉴人类文明有益成果的基础上，开创了一条独具中国特色的民主之路。

从新民主主义革命时期以选举的方式产生苏维埃政权、"三三制"民主政权为核心的民主实践与创新，到社会主义革命和建设时期以确立人民民主专政的国体、人民代表大会制度的政体，以建设保障人民当家作主的法律体系为核心的民主政治工作。中国共产党领导中国人民走出了一条符合中国国情、尊重人民意愿的民主道路，并充分激发了社会的活力和创新动力，发挥出国家治理体系的巨大优势。

在以习近平同志为核心的党中央领导下，全过程人民民主深入发展，中国民主道路越走越宽。习近平总书记深刻指出："我们走的是一条中国特色社会主义政治发展道路，人民民主是一种全过程的民主，所有的重大立法决策都是依照程序、经过民主酝酿，通过科学决策、民主决策产生的。"全过程民主使"中国的民主不仅仅表现在政治选举上，还体现在经济、文化、社会方方面面"，民主选举与投票广泛存在于民主选举、民主协商、民主决策、民主管理以及民主监督的过程中，由此保障人民真正"当家作主"。

全过程人民民主始终践行以人民为中心的发展思想，通过系统设计，把民主的不同环节彼此贯通起来，有利于推进国家治理体系和治理能力的现代化。当前，人民群众不仅对物质文化生活提出了更高要求，而且在民主、法治、公平、正义、安全、环境等方面的要求日益增长，发展全过程人民民主能更好地满足人民日益增长的美好生活需要。

我们可以在刚刚结束的全国两会中深切地感受到全过程人民民主的力量。"两会"前，全国人大代表们纷纷往返于乡间小路，询问乡亲们的想法和期盼，把广大人民群众的想法从田野带到礼堂。会场上，代表委员们聚焦热点问题深入思考、热烈讨论；通过"代表通道""委员通道"回应社会关切问题，营造出浓厚的民主氛围。从规范校外培训机构到补齐农村养老短板，从破解大城市住房难问题到关注老年人群体的养老、救助保障，代表委员们从就业、收入、教育、医疗、养老、托育等各个领域建言献策，反映了代表们扎实的履职成果，展现出社会中鲜活的创造力。"两会"期间，习近平总书记对广大人民群众所关注的问题展开深刻回应，代表委员们认真审查讨论规划纲要草案，吸收各方面意见和建议，对规划纲要草案作出多处修改。在思想碰撞、智慧交融和党群相连的过程中，"百姓盼的"与"党和政府干的"同频共振，凸显全过程人民民主的成果与特色。

我们可以在二十大的筹备阶段真实地触摸到全过程民主的脉搏。在党的二十大召开之际，遵照党中央部署，"学习强国"学习平台从 2022 年 4 月 15 日至 5 月 16 日开设"我为'二十大'建言"专区，邀请广大党员干部和人民群众就四十个关键议题为党的二十大提供宝贵意见建议，供党中央决策参考。建言专区自上线以来，受到广泛关注。此次建言充分彰显了以习近平同志为核心的党中央发扬民主、集思广益的优良作风，是推进全过程人民民主的生动实践，也是适应互联网时代国家治理体系和治理能力现代化的有力探索。

三、中国民主政治的未来与发展

党的十九届五中全会提出到 2035 年基本实现"国家治理体系与治理能力现代化，人民平等参与、平等发展的权利得到充分保障"的战略目标，这反映出我国民主政治建设的伟大决心，也为人民描摹出美好的发展愿景。中国民主政治发展没有完成时，只有进行时。在不断发展全过程人民民主的过程中，我们要不断完善中国特色社会主义民主理论，坚持马克思主义的中国化，坚持中国古代优秀政治思想的现代化。要始终坚持党中央的坚强领导，发挥党总揽全局、协调各方的核心作用。此外，还要着力推进全过程民主在国家和地方治理中的实践与创新，吸纳社会力量，激发社会活力。

未来，中国特色社会主义政治发展道路定会越走越宽广，民主也将不断焕发出旺盛的生命力，成为实现第二个百年奋斗目标和中华民族伟大复兴的中国梦的坚固基石。

砥砺奋进的五年，重大工程向世界展示"亮丽名片"

土木工程学院　王珺铎

春风送暖，盛会将至。在这举国欢庆、万民期待、世界瞩目的期间，我们齐头并进、凝心聚力喜迎党的二十大召开。2022 年是进入全面建设社会主义现代化国家、向第二个百年奋斗目标进军新征程的重要一年。百年恰是风华正茂，十九届六中全会回答了中国共产党为什么能成功、将来怎样才能继续成功。在过去的五年里，我们砥砺前行，不忘初心，取得了一项项重大成就，向世界展示了有特色的"中国名片"。

五年，能让个人成长成才，也能让企业做大做强，更能让国家走向富强。五年来，调南方之水、取深海之源、织高速路网、在云端架桥……一项项重大工程，已经成为实现中国梦的有力见证。从卫星、飞机、高铁、蛟龙，到天眼、大桥，在这些令人惊叹和骄傲的重大工程的背后，凝结的是无数产业工人的勤劳、智慧和汗水，仿佛从星辰到大海，直至你我心间。

一、大型客机　翱翔蓝天

2022 年 5 月 5 日下午，我国自主研制的喷气式大型客机 C919 成功完成首次蓝天之旅。作为我国首次按照国际适航标准研制的 150 座级干线客机，C919 突破了包括飞机发动机一体化设计、电传飞控系统控制律、主动控制技术等在内的 100 多项核心关键技术。

C919 首飞成功标志着我国大型客机项目取得重大突破，我国成为世界上少数几个拥有研制大型客机能力的国家。C919 是我国首款完全按照国际适航标准和主流市场需求研制的干线飞机，被认为有望在全球民用干线飞机制造领域打破波音和空客垄断的局面。而通过大飞机等多维度战略发展平台，"中国创造"已经在跟全球顶尖创新体系对标。

二、北斗导航　俯瞰大地

"天上"建好、"地上"用好，离不开北斗人的奋斗。北斗卫星导航系统是全球四大卫星导航系统之一，也使我国成为继美、俄之后世界上第三个拥有自主卫星导航系统的国家。自 2012 年北斗卫星导航系统实现区域组网并投入运行以来，北斗系统的性能指标稳中有升，可以为用户提供与美国 GPS 性能相当的高质量导航定位服务。北斗系统已名声在外，是国际海事组织认可和国际移动通信标准支持的全球卫星导航系统。在 2020 年形成全球服务能力后，将成为世界一流的全球卫星导航系统。

三、量子通信　领跑世界

2016 年 8 月 16 日，我国成功发射世界首颗量子科学实验卫星"墨子号"。量子保密通信是目前人类唯一已知的不可窃听、不可破译的无条件安全的通信方式。近年来，中国科技大学潘建伟教授领衔的量子通信团队在该领域相继取得一系列重大突破，开启了全球化量子通信、空间量子物理学和量子引力实验检验的大门，为我国在国际上抢占了量子科技创新制高点，成为国际同行的标杆，实现了从"并跑"到"领跑"的转变。

四、"神威"超算　登顶全球

每秒 9.3 亿亿次！这是"神威·太湖之光"的浮点运算速度。2017 年 6 月，在德国发布的最新一期全球超级计算机 500 强榜单中，"神威·太湖之光"凭借这一"超级速度"第三次出现在榜单榜首位置，实现三连冠。

基于"神威·太湖之光"，我国科研团队完成的"千万核可扩展大气动力学全隐式模拟"应用项目获得了 2016 年超级计算机应用领域最高奖——"戈登·贝尔"奖，成为我国高性能计算发展史上的里程碑。

超算是全球科技大国必争的制高点之一，在气候、能源、航天、生物制药等领域有重要的应用价值。中国已连续多年占据全球超算排行榜的最高席位。硬件搭台，软件唱戏，研制超算最终是为了应用，我国项目登顶"超算应用之巅"，说明超算发展生态正日益完善，未来值得期待。

五、"天眼"凝望　探秘宇宙

FAST（500 米口径球面射电望远镜）工程的建成是一个巨大的奇迹。这是世界上跨度最大、精度最高的索网结构，也是世界上第一个采用变位工作方式的索网体系，我们没有任何经验可借鉴。作为世界最大单口径射电望远镜，FAST 的建成将中国天文学研究推向了一个更为深入的世界：它开创了建造巨型望远镜的新模式，具有自主知识产权，被认为能在未来 10 至 20 年内保持世界一流地位。未来，FAST 也将推动我国天线制造技术、微波电子技术、并联机器人、大跨度结构等高新技术的发展。

这五年，中国桥、中国路、中国车、中国港、中国网，一个个奇迹般的工程，正在托举起中华民族伟大复兴的中国梦。世界最大的综合交通枢纽，全球首座双层出发、双层到达的航站楼，世界首个实现高铁下穿的航站楼，世界最大单体航站楼……创下众多"世界之最"的这一超级工程，令国人自豪，令世界震撼！新中国成立 70 多年来，中国共产党领导中国人民实现了一个又一个"不可能"，创造了一个又一个难以置信的奇迹。中国人民有了更多的获得感、安全感、幸福感、自豪感，中华民族实现了从站起来、富起来到强起来的历史性飞跃。

从南京长江大桥到港珠澳大桥，"中国桥"成为令世界惊叹的"中国名片"。从"两弹一星"到"神舟"飞天，再到"嫦娥"奔月，国人千百年来"可上九天揽月"的飞天梦想得以实现。从"蛟龙"号到国产航母试水，中国走向大洋、探索深海，"可下五洋捉鳖"不再是神话。不胜枚举的"超级工程"无一不是中国的时代符号。

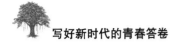

70多年来，从缺资金建不起、没技术造不出，到如今接连建成"超级工程"，中国人民在中国共产党的坚强领导下，用双手、用智慧、用毅力、用决心，创造了一个个几乎从"零"开始的奇迹。中国以制度优势为保障、经济实力与科技水平作支撑、自主创新和工匠精神为牵引，托举起众多世界顶尖的"超级工程"，让百姓获得感更足、幸福感更强。

雄关漫道真如铁，而今迈步从头越。中国路、中国桥、中国车、中国港，这些不断刷新世界纪录的超级工程，彰显的是中国精度、中国长度、中国高度和中国速度，令国人骄傲，让世界惊艳。

这背后，是中国共产党为人民谋幸福、为民族谋复兴的初心和使命，也是全体中国人民为实现对美好生活的向往和中华民族伟大复兴的中国梦而不懈奋斗的结晶。这一项项的超级工程给予我们的不仅仅是交通的便利、通信的快捷，同时也带给我们属于中国人的自豪感，我们也要学习一代代工程人不畏艰难、勇于创新、吃苦耐劳的精神，这与中国共产党创立初期的红船精神不谋而合。在不久的将来我也将成为一名工程人，党的二十大的指导思想是我在未来五年奋斗的目标以及人生的指引。

生态为邦本，本固邦安宁

——坚定生态建设，共筑地球家园

公共卫生学院　晏　雯

"天不言而四时行，地不语而百物生"，地球是人类共同的、唯一的家园。人与自然应和谐共处，从古至今就是中国人所尊崇之道。

从"人法地，地法天，天法道，道法自然"到"天地与我并生，而万物与我为一，天人合一"，中华文明千年生息，生于流水之滨，长于厚土之上。文明与生态，像同一条生命线蜿蜒在历史的沟壑之间。如今，良好生态环境的重要性也多次在习近平重要讲话中被提及。"我们过去讲既要绿水青山，也要金山银山，实际上绿水青山就是金山银山。本身，它有含金量。"而其中所提及的"含金量"则体现在许多方面。对于其他生物，绿水青山为各种生物提供了良好的栖息环境和生存空间，让"霜落熊升树，林空鹿饮溪"成为森林常态；对于个人，绿水青山可以为我们提供清新的空气、干净的水源，相关科学研究表明，自然环境对人的情绪和幸福感的提升有着积极的影响；而对于国家来说，绿水青山不仅可以提供舒适的发展环境，还可以为经济发展助力。

"绿水青山"的本质就是"金山银山"。

生态环境有着它的生态功能和它的直接价值，可是在近几十年人们才意识到它的间接价值是远远大于它的直接价值的。含金量的体现既包含了间接价值也包含了直接价值。金山银山是可以依托着绿水青山而产生的，生态优势也是可以转变为经济效益的。

在安吉县，当地群众牢记习近平总书记的殷切嘱托，大力保护环境。当地摒弃了诸多落后耗能的产业，南太湖也关掉了 200 多个工厂，推掉了 600 多个批次的项目，几千名渔民上岸。经过当地百姓的努力以及一些产业的牺牲，安吉县的森林覆盖率、植被覆盖率均达 70% 以上，更为重要的是，依托着良好的生态环境，安吉县选择了绿色发展路线，开展了绿色旅游、生态农场等项目，安吉县的人均收入在十几年中翻了将近 4 倍。这足以见得绿水青山可以带来金山银山，生态优势也可以转换成经济优势。不仅如此，乡村旅游等各类项目在中国广袤的大地上也开出了花朵。每逢佳节吉日，人们就会涌向各地的风景区，近年来，涌向各地生态乡村的人数逐年提升，这些乡村的相关经济收益也逐年提升。

生态建设的经济效益不仅体现在开源上，也体现在节流上。多年来我国兴修各种水利工程，长江三峡、小浪底水利枢纽等大型水利工程也为我国的相关行业的发展助强力，"至 2014 年，我国兴建水库 97735 座，总库容达到 8394 亿立方米，库容量是 1979 年的 2 倍；全国有效灌溉面积 7065.2 万公顷，比 1979 年的 4831.87 万公顷增加

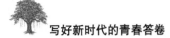

2233.33 万公顷，增长 31.61%；全国 2014 年水电装机容量 30183 万千瓦，比 1979 年 1911.04 万千瓦，增长 15.79 倍，大大缓解我国用电压力，为工农业发展提供了有力保障"。由此我们也能发现这些水利工程既保护了环境，使一些自然资源得到更为有效的利用，同时也带来了巨大的经济效益。

气候问题的本质不仅仅是环境问题，实际上更是发展问题。历史上，因没有认清他们之间的关系，谋一时经济利益发展而牺牲生态环境的例子屡见不鲜。

"美索不达米亚、希腊、小亚细亚以及其他各地的居民，为了得到耕地，毁灭了森林，但是他们做梦也想不到，这些地方今天竟因此而成为不毛之地。"马克思和恩格斯以他们锐利的眼光看见了破坏生态环境所带来的后果，这些不毛之地本是可以避免荒凉的。在黄土高原，由于人们的过度砍伐，导致绿被不足，水土流失严重，形成了如今的沟壑状、荒凉的黄土高原。

绿水青山和金山银山并不矛盾，生态环境保护与经济发展也不是鱼和熊掌不可兼得的关系。正确认识金山银山和绿水青山的关系，是我们实现"可持续发展"的内在要求，也是我国作为一个负责大国的担当。

放眼全球，气候变暖，世界各地极端天气灾害频发，生态系统已出现前所未有且不可逆的变化。气候危机已经成为当今时代"根本性问题"，触及全人类的根本利益。可这个时候却仍有"阴谋论""甩锅论"的声音干扰全球国家合作。国际气候博弈的本质是发展权之争，但是全球治理气候并非零和博弈，它不是非输即赢的竞争，它关乎全世界的利益，各个国家应该携手合作，避免落入"囚徒困境"，团结一心开创合作共赢的气候治理。未来各方应进一步发掘气候合作潜力，积极承担起应尽的责任和义务，通过实际行动丰富充实全球气候治理的内涵，为后巴黎时代全球气候治理注入力量。

作为一个负责任、有担当、讲信用的大国，中国为全球应对气候变化做出了自己的努力。中国助力《巴黎协定》行稳致远；推动联合国气候变化框架公约持续实施；发表《中国应对气候变化的政策与行动》白皮书，落实国家自主贡献目标，贯彻新发展理念，大力推进碳达峰碳中和……

对于个人而言，我们能够做的也有很多。节约用水，可以在洗手之后关紧水龙头；节约用电，使用完节能电器、家用电器后要及时拔掉电源；绿色出行，乘坐公交车、选择骑行自行车……

"生态兴则文明兴，生态衰则文明衰。"生态为国本，本固国安宁。身为大学生的我们，对于生态环境的保护，不可置身事外，而应该积极参与，让青春的光芒与绿色生态碰撞出新的火花，让我们的家园更加美丽！

坚定制度自信，厚植爱国情怀

光华口腔医学院　贺嘉琪

一百多年前，中国共产党自南湖的"一叶红船"诞生，唤醒了沉睡已久的东方雄狮，拨开了数百年来笼罩于千万仁人志士心头的迷雾，亮出了共产主义的伟大旗帜，点燃了神州大地上的星星革命之火；而四十年前，邓小平同志拨乱反正在马克思主义普遍真理与中国具体实际的碰撞和协调中创造性提出了"建设有中国特色的社会主义"，自此，中国特色社会主义政治制度落地生根。而今，迈入新时代，习近平总书记强调，中国特色社会主义进入新时代，我国社会主要矛盾已经发生转化。从一穷二白靠力气建设国家，到改革开放接纳融入世界参与经济政治文化交流，再到如今迈向新时代追求建设强国，社会主义制度陪伴一代代中华儿女走过荆棘走过小径走在康庄大道上，也终将带领中国走向富强。

有关中国政治制度的探索、建设和完善，是我们党矢志不渝的奋斗目标与征程。在新中国成立之前，中国共产党就一致决定推行具有中华人民共和国临时宪法性质的《中国人民政治协商会议共同纲领》，一个全新的国家政权就此正式诞生。在从新民主主义向社会主义过渡的过程中，我国又初步建立起社会主义的基本政治制度，建立了人民代表大会制度，确立了中国共产党领导的多党合作和政治协商制度，使国家政治、法律等上层建筑发生了深刻变革。随后，党和人民对中国建设社会主义的道路进行了艰辛的探索，取得了巨大成就，但也遭遇了挫折。幸而1978年的真理标准问题大讨论解放了民众的思想，十一届三中全会拨乱反正，将全党工作重点转移到社会主义现代化建设上，实现了伟大历史转折，提出了健全社会主义民主和加强社会主义法制的任务，后续又恢复、制定并施行了一系列法律和条例。在党的十二大上，邓小平同志第一次创造性地提出"建设有中国特色的社会主义"，为当代制度建设创新树立了不朽的旗帜。此后，依法治国基本方略被提出，科学发展观重大战略思想形成，以习近平同志为核心的党中央推动新时代政治体制改革新征程……正是在这一脉相承的政治制度的引领下，我们党团结带领广大人民群众，自信自强、守正创新，统领伟大斗争、伟大工程、伟大事业、伟大梦想，汇聚了新时代中国特色社会主义现代化建设的磅礴伟力，创造了伟大成就。

历史与现实的双重证明，昭示了中国特色社会主义制度的优越性，同时也指引了我们党和人民不懈进取、发展创新。而站在新时代浪潮中，我们更应坚定中国特色社会主义制度自信，厚植爱国主义情怀。

来源于中国特色社会主义制度的自信，是我们中华儿女屹立于世界民族之林的底气。试问，有哪一个国家能在疫情发生初期精准预测、及时防控，实现疫苗接种全覆盖、核酸检测日常化？又有哪个国家在推进高铁动车横跨大江山体的同时，帮助其他国家交通脉络的构建？又有哪个国家借丝绸之路沟通历史与现代，沿海上航线重现郑和沟通各国经济文化交流之壮举？而这些的实现，都源于中国特色社会主义制度的优越性。众所周知，社会主义可以集中力量办大事，而广大人民既是其制度的受益者，更是最直观的反馈者。当今世界局势波谲云诡，局部战争频发，多国政局风雨飘摇，我国经济持续回暖、疫情防控常态化有序化、两会针对民生问题有序召开，市民生活逐渐回归正轨。我国在持续、坚定向建设社会主义现代化强国进发，向早日实现中华民族伟大复兴这一伟大目标砥砺前行。而有幸感受中国特色社会主义制度优越性、见证中华民族不断发展进步的中华儿女，何其有幸，又何其自豪！

坚定中国特色社会主义制度的自信，稳固建立在各行各业国民不负韶华的奔跑步伐上，建立在中国法制、经济、科技等多个领域的突破发展上。2021年，《中华人民共和国民法典》正式颁布实施，涵括人民生活方方面面的权益都得到保障；我国脱贫攻坚战取得全面胜利，共同富裕在九州大地上全面开花；中国"天问一号"火星探测器携"祝融号"火星车成功着陆火星，神州十三号载人飞船发射取得圆满成功，成功对接空间站，航天员顺利返地；冬奥会、冬残奥会的顺利召开顺应历史潮流、切合人类心声，"一起向未来"全力奔赴……在各行各业中华儿女的全情付出、倾情奋斗下，我国在新时代走得昂首阔步、稳扎稳打。中国特色社会主义制度也在一次次伟大实践中得到全力贯彻、全面体现，更由此增强了制度自信。

中国特色社会主义制度的自信，更彰显在我国于世界舞台不卑不亢、不疾不徐的傲然姿态上，以及"天下为公"、为人类命运共同体而出谋划策的话语权中。"青山一道同云雨，明月何曾是两乡"，病毒肆虐疫情蔓延，世界各国风雨同舟、团结协作，共同抗击疫情、捍卫全体人民健康安全，共同书写构建人类命运共同体的新篇章。在这其中，我国多次向世界各国提供中国疫苗，为世界抗击新冠病毒提供成功范例，各国领导人及国际组织负责人多次赞扬中国抗疫和为全球疫情防控所作的贡献。同时，在全球气候变化日益紧迫的形势大背景下，我国与国际社会共同努力，担当起实现碳达峰碳中和目标的责任。我国不仅持续贯彻"创新、协调、绿色、开放、共享"发展理念，坚定走绿色发展道路，更倡导"绿水青山就是金山银山"，加大温室气体排放控制力度，为世界应对气候变化作出中国贡献。不仅在环境领域，我国在体育领域也展现了中国智慧和中国力量。北京冬奥会、冬残奥会的成功举办同样充分展现了中国特色社会主义制度的优越性。面对新冠肺炎疫情的冲击和重重阻碍，冬奥会、冬残奥会仍成功举办以及奥运健儿们不抛弃不放弃的运动精神和鼓舞人心的表现都为饱受疫情折磨的各国人民带去希望和终将迎来胜利的信息，也为疫情防控常态化下大型国际赛事的开展树立了标杆。我国不仅致力于自身发展腾跃，更积极提供中国智慧中国方案，为人类共同发展保驾护航。

新的征程，我们应坚定中国特色社会主义制度自信，厚植爱国主义情怀，增强"四个意识"、坚定"四个自信"、做到"两个维护"，敢于斗争，善于斗争，不惧风险挑战，逢山开路遇水搭桥，战胜一切发展阻碍，不断推进伟大复兴征程，早日实现中华民族伟大复兴！

携手构建合作共赢新伙伴 同心打造人类命运共同体

新闻传播学院 谭成剑

《习近平谈治国理政》一书中多次提到"人类命运共同体"这一概念，习近平总书记关于此的专门论述在书中达9篇之多。虽然今天和平与发展仍然是时代主题，但世界面临着许许多多的共同危机：环境问题、恐怖主义、网络安全、新冠疫情……面对这些挑战，国际社会唯有合力才能共渡难关。在面对世界"百年未有之大变局"的今天，作为社会主义大国的中国应该如何坚持改革开放、与世界各国和平友好交往、为世界共同发展作出贡献将是我们不得不思考的问题。

习近平主席结合中国发展的实际，以高瞻远瞩的眼光，提出了"携手共同构建企业合作共赢新伙伴，同心打造一个人类社会命运共同体"的主张，为我国处理国际事务和对外关系指明了前进的方向。

"和羹之美，在于合异。"人类文明发展至今，世界上200多个国家和地区都有各自独特灿烂的历史文化和国情，在差异之外也有着追求民主和平、繁荣进步的共同希望。文明的多样性不仅丰富了人类文明的大花园，也让交流互鉴、吸收学习成为可能，在共同进步中得以展现各自的五彩斑斓。

在当代国际社会中，一些国家依靠暴力与强权取得优势地位，不仅在政治经济上剥削边缘地区，而且在文化交流领域推行"西方中心主义"，贬低歧视其他国家的独特文明。这实质上是对文明多样性的损害，这是赤裸裸的霸权逻辑，人类命运共同体正是针对于此进行了反驳。

2013年春，习近平主席在俄罗斯莫斯科国际关系学院演讲时提出"你中有我、我中有你"的观点，深刻揭示出当代国际社会与国家间错综复杂关系的本质，这是"人类命运共同体"的滥觞。在之后的治国理政与对外交往过程中，习近平总书记又进一步深刻反思并不断完善了这一重大核心理念，更加系统、全面地阐释了人类命运共同体核心理念的科学含义，使这一重要核心理念越来越详细完善，越来越深入人心。

面对挑战，国际社会应该协同还是冲突？我们是对外开放还是保持封锁？各国是合作共利还是零和博弈？习近平总书记倡议各国超越分歧，彼此信任，携手前行。面对目前不容乐观的全球性重大议题与人类如何发展的方向抉择，我们要积极主动行动起来，而不是被动卷入其中，我们要同心协力掌握人类未来命运。坚持维护公正和理性，消除治理赤字；坚持相互理解，打破信任赤字，解决和平赤字；坚持互利共赢，打破发展赤字。各国之间应当超越历史、地理、人种、语言的重重阻碍，共同为我们居住的星球做出贡献，齐心共筑美好未来。

习近平总书记强调，我们要努力建设一个没有恐怖、安居乐业的世界，一个摆脱贫

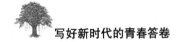

穷、经济繁盛的世界，一个开放交流、自由包容的世界，一个山明水秀、洁净美丽的世界，这是世界人民共同的祈愿，也是我们不懈追求的目标。

基于中国改革开放以来经济社会的迅速发展和和平友好外交政策，近些年来中国在国际社会的影响力与日俱增，正在主动承担起推动世界和平稳定发展、推动各个国家共同进步的大任。从中欧命运共同体到中非命运共同体，从丝绸之路经济带、21世纪海上丝绸之路，再到与东南亚国家RCEP协议，中国一直致力于在全球范围内建立和平共处、互惠互利的合作关系，为各方共享和平、安全与兴盛开辟新的模式。

新冠疫情发生后，世界的处境更加凸显了"地球村"的紧密联系、密不可分。正如英国诗人约翰·多恩所写道："没人是一座孤岛，每个人都是大陆的一片。"作为国际社会的一员，每个国家都是世界不可或缺的一部分。在全球化的今天，没有一个国家能够回到这个孤岛上，照顾人类的这些问题和困难。只有牢固树立"人类命运共同体观"，才能携手前行，共度时艰。

"世界大同，和合共生"，面对全球流行的新冠肺炎疫情，中国在精准防控、保卫人民生命财产安全的同时，积极主动与国际社会展开合作，助力全球抗疫，第一时间向国际社会公布病毒基因组序列并上报世界卫生组织，为其他国家准备防控提供了极其宝贵的时间窗口期。"同病相怜，同忧相救"，面对疫情，世界各国需要坚持"人类命运共同体理念"，认识到全球抗疫紧密一体、不可分割，应当在疫情信息互换交流、有效疫苗攻关研发、防疫政策共通等多方面展开国际合作、互帮互助，合力打赢这一场没有硝烟的战争。"人类命运共同体"理念越发显示出其重大价值和现实贡献。2022年北京冬奥会以唯美的形式展现了中国传统文化的博大精深，又融合了世界文化的创意与科技，展现了中国人的天下胸怀与浪漫思想。冬奥会开幕式以巧妙的方式传递着命运共同体的观念，一个巨大的冰立方被反复击打最后破碎，一个精美绝伦的五环破冰而出，象征着打破人类社会的隔膜与分歧，彼此互信互惠、交流畅通。冬奥会火炬以一个由无数小雪花组成的大雪花为代表，小雪花之间相互连接、彼此依存，寓意人类社会共处地球村，形成你中有我、我中有你的命运共同体。

相信在不远的将来，"人类命运共同体"一定能够获得更多认可与切实执行，国际社会将通力合作，共建共享人类美好生活！